그리스도의 제자로 산다는 것

찰스 스펄전

그리스도의 제자로 산다는 것
Following Christ

발행일	2020년 8월 15일 초판

지은이	찰스 스펄전 (Charles H. Spurgeon)
옮긴이	정시용

발행인	정시용
발행처	프리스브러리
전자우편	info@prisbrary.com
홈페이지	www.prisbrary.com
후원계좌	씨티은행 533-50447-264-01

Copyright (C) 프리스브러리, 2020, Printed in Korea.
ISBN 978-89-6774-043-6 (03230)

이 도서의 국립중앙도서관 출판예정도서목록(CIP)은 서지정보유통지원시스템 홈페이지(http://seoji.nl.go.kr)와 국가자료공동목록시스템(http://www.nl.go.kr/kolisnet) 에서 이용하실 수 있습니다.

이 책의 성경 구절은 보다 정확한 내용 전달을 위해 원문에 사용된 성경 구절을 직접 번역하여 실었습니다.

차례

제1장_그리스도를 따라야 하는 이유 ·· 5

제2장_그리스도를 따르는 법 ·· 19

제3장_성령님의 도움 ·· 33

제4장_오직 그리스도 ·· 42

제5장_위대한 믿음과 위대한 사역 ··· 52

제6장_주님이 주신 달란트 활용하기 ·· 65

제7장_주님이 주시는 추수의 기쁨 ··· 78

제8장_함께 일하는 지체 ·· 91

제9장_그저 한 명의 종으로서 ·· 98

제10장_하나님께 불가능은 없다 ·· 110

제11장_반드시 열매를 맺어야 한다 ·················· 120

제12장_오직 그리스도의 영광을 위하여 ·················· 130

제13장_불과 망치 ·················· 142

제14장_여우들을 조심하라 ·················· 153

제15장_선한 일에는 시간이 걸린다 ·················· 163

제16장_오늘날의 급박함 ·················· 174

제17장_입을 열어 복음을 전하라 ·················· 188

제18장_하나님의 섭리는 한계가 없다 ·················· 196

제19장_주님의 손에 들린 우리의 작은 빵 ·················· 209

출판사 소개 ·················· 227

그리스도를 따라야 하는 이유

나를 따르라, 그러면 내가 너희를 사람들을 낚는 어부로 만들 것이다. (마 4:19)

그리스도를 섬기지 않으면 여러분은 그리스도를 얻을 수 없습니다. 그리스도를 영접하려는 사람은 그분의 모든 것을 받아들여야 합니다. 그리스도를 단순히 친구로서 여기는 것이 아니라 여러분의 주인으로 삼아야 합니다. 그리스도의 제자가 되고 싶다면 먼저 그분의 종이 되어야 합니다. 부디 이 진리를 거스르는 자가 없기를 바랍니다. 우리 주님을 섬기는 일은 이 땅에 살면서 가장 큰 기쁨이 될 뿐 아니라 천국에 가서도 우리가 즐겁게 감당해야 할 소명입니다.

> 하나님의 종들이 그분을 섬길 것이며, 그들이 하나님의 얼굴을 볼 것이다. (계 22:3~4)

이 개념은 구원의 복음에도 포함되어 있습니다. 구원받는다는 것은 죄의 노예 상태에서 벗어나 하나님의 종으로서 자유의 기쁨을 누리게 된다는 것입니다. 그러므로 우리는 이렇게 기도할 수 있습니다.

> 오 주님, 주님은 너무도 영광스럽기에 주님을 섬길 때 저희는 완전한 자유와 평온한 안식을 누립니다! 주님께서 저희에게 그렇게 말씀하셨고, 이제 그 말씀대로 이루어졌습니다.

> 나는 마음이 온유하고 겸손하니 내 멍에를 메고 내게 배우라. 그러면 너희 영혼이 안식을 얻으리라. (마 11:29)

우리는 이 말씀이 진리임을 압니다. 섬김과 안식은 분리된 것이 아닙니다. 섬김 그 자체가 우리 영혼의 안식이 되기 때문입니다. 어떤 사람은 그리스도를 섬기는 삶을 살지 않으면 이 땅에서 온전한 안식을 누리지 못하기도 합니다. 천국에서 안식은 나태하거나 지루한 것이 아니라 지속해서 주님을 섬기는 고귀한 특권을 누리는 것으로 묘사됩니다.

그러므로 그리스도를 구세주로 삼고 싶은 사람은 누구든 기꺼이 그분을 섬겨야만 합니다. 우리는 섬김을 통해 구원받은 것이 아니라 주님을 섬기기 위해 구원받았습니다. 구원받은 시점부터 우리는 주님을 섬기며 살아야만 합니다. 우리가 그리스도의 종이 되기를 거부한다면, 그것은 아직 구원을 받지 못했다는 뜻이며, 여전히 자기를 섬기는 종이며 또한 사탄을 섬기는 종으로 남아있다는 뜻입니다.

거룩함은 구원의 또 다른 이름입니다. 아집의 권세와 탐욕의 지배와 사탄의 폭정에서 벗어나는 것이 바로 구원입니다. 구원받기를 원하는 사람은 자신이 구원받고 난 이후에 그리스도를 섬겨야 한다는 사실을 반드시 알아야 합니다. 진실로 구원받은 사람은 그리스도를 섬기는 것을 기뻐합니다. 그것이 그들의 마음과 생각이 새롭게 변화되었다는 증거입니다.

여러분은 그리스도를 섬기겠다고 마음먹었습니까? 원기 왕성한 청년들은 그리스도를 섬기겠다고 하면서 〈나는 훌륭한 방식으로 그리스도를 섬기겠다. 학자가 되어 연설하는 기술을 배워 웅장한 연설로 주님의 이름을 영화롭게 할 것이다〉라고 다짐합니다.

그런데 그것이 옳은 방법일까요? 그리스도를 섬기려면 차라리 주님께 여러분이 무엇을 하기 원하는지 물어보는 편이 낫지 않을까요? 여러분이 친구를 위해 친절을 베풀려 할 때는 먼저 그가 무엇을 가장 기뻐할지 알기를 원할 것입니다. 그렇지 않으면 여러분이 베푼 친절이 도움이 되기는커녕 오히려 상황을 더욱 악화시키는 결과를 가져올지도 모릅니다. 주님은 여러분이 그분을 섬기기 위해 학자나 웅변가가 되라고 요구하시지 않습니다. 물론 여러분은 직업으로써 학자나 웅변가가 될 수도 있습니다. 하지만 주님은 무엇보다 〈누구든지 나를 섬기려면 나를 따르라〉(요 12:26)라고 말씀하셨습니다.

예수님께서 종들에게 요구하시는 것은 다른 어떤 것보다 그분을 따르는 것입니다. 우리가 주님을 따를 때 주님께서 원하시는 방식으로 그분을 섬기는 것입니다. 많은 사람이 그리스도를 섬기기 위해 사다리 꼭대기까지 올라가려 합니다. 하지만 젊은 시절에 정상까지 한 번에 올라가기란 쉬운 일이 아닙니다.

그보다 그리스도를 따라 살며 비록 아무런 명예를 얻지 못하더라도 자신이 할 수 있는 한도에서 주님이 맡기신 작고 단순한 일에 최선을 다하는 것이 그리스도를 섬기는 더 좋은 방법입니다. 주님은 우리에게 〈누구든지 나를 섬기려면 나를 따르며, 큰일을 목표로 삼기보다는 내가 그때마다 그에게 맡겨준 일을 하라〉라고 하십니다. 예레미야 선지자는 바룩에게 〈네가 너를 위해 큰일을 찾느냐? 그것을 찾지 마라〉(렘 45:5)라고 했습니다. 저도 여러분에게 같은 말을 하겠습니다.

많은 재산을 소유하는 축복을 받은 어떤 사람은 〈이 재산이 더욱 많아질 때까지 저축했다가 나중에 가난한 자들을 위해 아파트를 짓고 선교사들을 위해 큰돈을 헌금하고 그리스도의 이름이 선포되도록 큰 교회를 지어야지〉라고 생각할 수도 있습니다. 여러분에게 선행을 하지 말라고 할 수는 없지만, 정말로 그리스도를 기쁘게 하고 싶다면 특정한 목표를 정해서 이루려는 것보다 더 추천하는 일이 있습니다. 그리스도를 따르십시오. 주님께서 〈누구든지 나를 섬기려면 나를 따르라〉라고 하신 말씀을 기억하십시오.

그저 주님의 뒤를 따라 걷고 그분의 발자취를 따르며 진정으로 그분의 제자가 되는 것이 주님의 뜻을 위해 어마어마한 돈을 기부하는 것보다 더 크게 주님을 기쁘게 하는 일입니다. 〈누구든지 나를 섬기려면 나를 따르라〉라는 것이야말로 우리의 사랑과 존경을 표하는 가장 좋은 증거라고 주님은 말씀하셨습니다. 주님은 우리에게 어린아이처럼 되어 그분께 배우라고 하셨습니다.

> 너희가 돌이켜 어린아이처럼 되지 않으면 결코 하늘나라에 들어가지 못할 것이다. (마 18:3)

그리스도의 종이 되고 싶다면 어린아이처럼 그리스도께 나아가 그분 발치에 앉아 복음의 기초 원리에 대해 배우십시오.

> 누구든지 나를 섬기려면 나를 따르라. 너희는 내 제자로서 나를 따라야 하며, 나를 스승으로 삼고 모든 것을 내게 맡겨 너희 생각을 내 뜻에 맞추어야 한다.

이것이 우리 주님이 하시는 말씀이며 저는 여러분 모두가, 특히 처음으로 그리스도인의 삶을 시작한 사람들이 이 말씀을 마음에 깊이 새겼으면 합니다. 예수님을 섬기고 싶다면 여러분 마음을 왁스가 칠해진 석판처럼 주님께 맡기십시오. 그래서 주님이 원하시는 대로 철필로 기록할 수 있게 하십시오. 그리스도의 석판이 되어 주님이 여러분 위에 마음껏 쓸 수 있게 하십시오. 그리스도의 편지지가 되어 주님이 사랑의 편지를 쓸 수 있게 하십시오. 이것이 그리스도를 섬기는 가장 훌륭한 방법입니다.

그가 너희에게 무엇을 말하든 그대로 해라. (요 2:5)

정말로 그리스도를 섬기고 싶다면 여러분이 주님께 제안한 것이 아니라 주님이 여러분께 명령하신 것에 따르십시오. 사무엘이 사울에게 〈순종하는 것이 제사보다 낫고 듣는 것이 숫양의 기름보다 낫습니다〉(삼상 15:22)라고 한 말을 기억하십시오. 하나님께 헌신하겠다고 고백하면서 자기가 생각한 방식대로 섬기는 것은 그저 자신의 의지를 숭배하는 것일 뿐이며 하나님께서 보시기에 가증스러운 행위입니다. 하지만 〈주님 제가 무엇을 하기를 원하십니까?〉라고 여쭈며 그리스도의 모든 명령에 순종하려는 사람은 진정한 의미에서 섬김의 마음가짐을 지녔으며 하나님의 자녀로서 올바른 자세를 갖춘 것입니다.

누구든지 나를 섬기려면 나를 따르라. 내 부름에 즉시 응하며
내 뒤를 따라오며 내 곁에서 무엇이든 지시하는 대로 행하라.

이것은 사람들이 생각하는 것보다 삶을 더욱 단순하게 해줍니다. 여러분은 천재성을 발휘하여 대리석으로 조각상을 만들거

나 할 필요가 없습니다. 만일 그것이 우리에게 주어진 과업이라면 우리 중 대다수는 결코 그 일을 완수하지 못할 것입니다. 여러분이 할 일은 그저 그리스도께서 쓰신 편지를 있는 그대로 베껴 적기만 하면 됩니다.

어느 날 어떤 문서에 서명을 부탁받은 적이 있었는데, 그 문서를 받아서 살펴보니 이미 서명이 끝마친 상태였습니다. 문서를 건네준 사람은 〈그저 그것을 다시 써 주시면 됩니다〉라고 했습니다. 그때 저는 제가 썼던 것을 그대로 따라서 쓰기만 하면 됐습니다. 이처럼 여러분도 그리스도께서 직접 적으신 편지들을 그대로 따라 쓰기만 하면 됩니다. 그리고 그것이 주님을 섬기는 가장 훌륭한 방법입니다. 예수님은 〈누구든지 나를 섬기려면 나를 따르라. 내가 너에게 시키는 그대로 행하라. 내가 보인 모범을 따라 행하라〉라고 말씀하십니다.

여러분에게 주어진 환경에서 과연 예수님이라면 무엇을 하셨을지 생각해보고 그대로 하는 것이야말로 가장 안전한 방법입니다. 물론 예수님이 일으키신 기적은 따라 할 수 없습니다. 그리고 우리를 대신해서 주님이 겪으신 고초도 모방할 필요는 없습니다. 하지만 주님께서 보여주신 삶의 모든 면은 우리가 본

받아야 할 훌륭한 모범입니다. 예수님이라면 하지 않을 것 같다고 생각되는 일은 절대로 하지 마십시오.

그리스도를 본받는 삶을 살지 않는 사람은 그리스도인이라 할 수 없습니다. 그리스도인은 그리스도를 닮아야 합니다. 그리스도인은 그리스도란 씨앗에서 자라난 꽃이며, 씨앗과 꽃 사이에는 언제나 깊은 애착 관계가 형성되어 있습니다. 천상의 모범이신 예수님에게서 눈을 떼지 말고 언제나 모든 일에 그분을 본받도록 하십시오. 그리스도를 섬기고 싶다면 여러분의 삶을 최대한 그리스도의 삶에 가깝게 사십시오.

누구든지 나를 섬기려면 내 삶을 본받음으로써 나를 따르라.

예수님을 섬기기 위해 굳이 부모형제를 떠나 먼 아프리카로 갈 필요는 없습니다. 자신의 사상이나 개념에 따른 이상을 실천에 옮기는 것은 그리스도를 섬기는 일이 아닙니다. 그리스도를 섬기고 싶다면 단순히 그리스도를 따르십시오. 최대한 그리스도께서 남기신 발자국을 따라 발을 내딛으십시오. 그리스도의 발걸음을 따라 걸으며 그리스도의 가르침에 따라 행동하십시오. 주님의 뜻과 목적에 따라 살며, 주님께서 하신 대로 행하십시오. 이것이 주님을 섬기는 가장 고귀한 방법입니다.

> 누구든지 나를 섬기려면 나를 따르라. 내가 있는 곳에 나를 섬기는 자도 함께 있을 것이다. (요 12:26)

이런 식으로 말하는 주인은 예수 그리스도밖에 없을 것입니다. 세상의 주인들에게는 종과 함께 있고 싶지 않은 장소도 있을 것입니다. 혼자 있고 싶을 때도 있을 것이고, 종에게는 말할 수 없는 일을 할 때도 있을 것이며, 보이고 싶지 않은 사생활도 있을 것입니다. 하지만 주 예수 그리스도는 그분을 섬기는 모든 사람에게 영광스러운 특권을 주셨습니다. 즉, 그리스도께서 계신 곳에 그분을 섬기는 자도 함께 있을 것입니다.

그렇다면 그리스도는 어디 계실까요? 그리스도는 언제나 하나님과 교제하는 자리에 계셨습니다. 늘 아버지 곁에 계시며 성령으로 충만하여 아버지와 대화를 나누십니다. 여러분도 〈나도 하나님과 교제했으면 좋겠다〉라고 생각할 것입니다. 예수 그리스도를 따름으로써 그분을 섬기는 자들은 모두 그리스도를 통해 하나님과 교제할 수 있습니다.

하나님과 함께 걷고 싶다면, 여러분은 우선 걸어야 합니다! 가만히 앉아 게으름을 피우는 사람은 결코 하나님과 함께 걸을 수 없습니다. 여러분이 열심히 걷지 않고 지체하면 주님은 여러분을 뒤에 남겨두고 먼저 가실지도 모릅니다. 그러므로 하나님과 함께 나란히 걷기 위해서는 열심을 내어 부지런히 따라가야만 합니다. 그렇게 할 때 우리는 복되신 주님과 교제하는 자리에 함께 있을 것입니다.

우리 주 예수 그리스도는 자신의 사역을 자신감 있게 행하셨습니다. 그리스도께서 사역하실 때는 언제나 확신에 가득 찬 상태였습니다. 사역이 성공할지에 대해서는 조금도 의심을 하지 않으셨습니다. 될 대로 되라는 식으로 행하신 일은 하나도 없습니다. 그리스도는 언제나 분명하게 말씀하셨고 자신이 하는 일이 결코 헛되지 않다는 것을 전적으로 확신하셨습니다. 여러분도 그렇게 아무런 의심과 두려움 없이 자신감 있게 사역을 하고 싶다면 그리스도를 따름으로써 그분을 섬기십시오. 그러면 여러분도 주님처럼 거룩한 자신감을 지니게 될 것입니다.

주 예수님께서 아버지에 관해 말씀하신 내용을 깊이 묵상해 보십시오. 주님은 이런 식으로 말씀하셨습니다.

> 어떤 사람이 나와 연합하면 그는 또한 내 아버지와 연합하는 것이다. 나와 마찬가지로 모든 것 위에 뛰어나신 내 아버지도 그를 사랑하며 항상 지켜볼 것이다.

하나님께서 어떤 자들을 지켜보시겠습니까? 자기 뜻대로 큰일을 하려는 자들이 아니라 그리스도를 따르며 그분을 섬기는 자들일 것입니다.

하나님께 인정받을 때 우리는 사람들에게 인정받을 때는 결코 맛볼 수 없었던 기쁨을 누립니다. 때로는 그리스도인 사이에서도 잘했다고 칭찬받는 일에 대해 주님은 〈그는 이미 자기가 받을 칭찬을 모두 받았으니 나는 그에게「잘했다」라고 하지 않을 것이다〉라고 말씀하시는 경우도 있습니다. 하지만 반대로 사람들에게는 아무런 칭찬도 받지 못한 일에 대해 주님은 〈담대하고 두려워하지 마라. 내가 너의 섬김을 받았다. 나는 너의 동기가 무엇인지 알며 네가 하는 일을 인정한다. 사람들을 두려워하지 말고 너의 길을 계속 가거라〉라고 말씀하시는 경우도 있습니다. 이처럼 하나님께 인정받는 것은 우리가 이 땅에서 얻을 수 있는 최고의 명예입니다. 예수님은 〈누구든지 나를 섬기면 내 아버지께서 그를 명예롭게 하실 것이다〉(요 12:26)라고 말씀하셨습니다.

누구든 그리스도를 따름으로써 그분을 섬기는 자는 아버지께서도 그를 피로 사신 자녀로서 대우하실 것입니다. 주님의 백성 중에는 섬김의 양보다는 질로서 인정받는 사람들도 있습니다. 그들은 교회 안에서도 가장 가난하고 고통받는 자들일 경우가 많습니다. 하지만 그들은 하나님과 가장 가까이 있으며 항상 주님의 인도하심을 받기에 그들에게 주어진 명예는 매우 값진 것입니다. 입으로만 신앙을 고백하는 세속적인 자들이 아니라 그리스도를 닮고 그분의 말씀에 복종하는 참된 그리스도인이라면 그들을 향해 〈이 사람이야말로 우리가 어울리며 함께 기도할 자이다〉라고 말할 것입니다. 그리스도를 따름으로써 그분을 진실로 섬기는 자는 많은 동료 성도들과 함께 주님의 잔칫상에 앉는 명예를 누릴 것입니다.

우리가 죽음을 맞이하고 그리스도의 심판대 앞에 서고 영원한 나라로 들어갈 때, 독생자를 섬겼다는 이유로 아버지께서 우리를 영원히 높여주기 위해 기다리고 계신 모습을 본다면 얼마나 영광스러운 일이겠습니까! 우리가 받는 보상은 일해서 얻은 보수가 아니라 하나님의 은혜로 주어진 것입니다. (롬 4:4) 하나님께서 은혜로 우리에게 그리스도를 섬길 수 있는 능력을 주셨으며, 또한 은혜로 그 섬김에 대한 보상도 주실 것입니다. 아버지께서 때가 이르렀을 때 특별한 명예와 보상을 주실 것이란 사실을 깨닫지 못한다면 누구도 이 땅에서 주 예수 그리스도를 따름으로써 섬길 수 없습니다.

오늘날은 전쟁의 시대입니다. 총알과 상처와 부상과 흉터가 난무합니다. 하지만 이 전쟁은 곧 끝날 것이며, 전쟁이 종결된 후에는 왕이신 주님이 오셔서 상벌을 내리실 것입니다. 그날에 전쟁에서 가장 많은 상처를 입은 자들은 주님께 이 세상에서 받을 수 있는 어떠한 것보다도 명예로운 훈장을 받을 것입니다. 세속적인 보상과 명예는 그것을 원하는 사람들이 마음껏 누리게 하십시오. 하지만 아버지의 나라에서 하늘의 별처럼 환하게 빛나게 될 자들은 참으로 복됩니다! 이런 명예는 단순히 말로만 섬기겠다고 하는 것이 아니라 오직 주님을 신실하게 섬기는 신자들에게 주어집니다. 즉, 주님을 따름으로써 그분을 섬기는 자들이 주님이 주시는 명예를 누리게 될 것입니다.

그리스도를 따르는 법

제자들이 나가 각지에서 복음을 전했으며, 주님께서 그들과 함께 일하셨다. (막 16:20)

저는 그리스도께서 자신의 사역을 마치고 승천하신 다음 이 땅에 남은 일을 제자들에게 맡기셨다는 사실이 너무도 좋습니다. 우리가 이 땅에 구원을 받아야 할 영혼을 하나라도 남겨둔 채 천국으로 떠나야만 한다면 얼마나 안타까운 일이겠습니까! 천국에 갔을 때 주님께서 제게 맡기신 영혼을 모두 데리고 가지 않았다면, 저는 주님께 다시 지상으로 보내 달라고 부탁할 것입니다. 우리가 어떻게 하면 주님을 가장 잘 섬길 수 있는지는 주님께서 제일 잘 아십니다. 그래서 주님은 우리에게 이곳에 남아 각지에서 복음을 전하라고 명령하셨습니다. 그리고 주님은 하나님의 우편에 앉아서 우리와 함께 일하고 계십니다.

제자들은 매우 적극적으로 사역을 했습니다. 그들은 각지로 퍼져 나갔습니다. 그들 중 일부는 예루살렘에 머물러야 했습니다. 하지만 그곳은 결국 나무 한 그루도 남지 않고 멸망하고 말았습니다. 박해 때문에 그들은 예루살렘에서 되도록 멀리 흩어져야만 했습니다.

그들이 어디로 흩어졌는지 우리는 잘 모릅니다. 사도들의 행선지에 관한 여러 전승이 있지만 그다지 신빙성은 없습니다. 하지만 그들이 모두 다른 어딘가로 흩어져 각지에서 복음을 전했다는 사실만큼은 분명합니다. 제자들은 한 곳에서 시작하여 각자 다양한 곳으로 가서 그리스도를 전했습니다. 그들은 이런 식으로 변명하지 않았습니다.

> 주님은 이미 하늘로 가셔서 하나님 우편에 계시고, 하나님의 영원한 목적은 반드시 성취될 것이며, 무한한 사랑의 계획이 실패할 일은 결코 없으니 이제 우리는 영적인 즐거움을 누리기만 하면 된다. 이제 가만히 앉아 언약의 축복을 소유한 채로 하

나님께서 우리를 위해 행하신 일과 우리에게 베푸신 모든 것을 누리자. 하나님께서 그분의 소유된 자들을 친히 불러 모으실 테니 우리는 그저 잠잠히 하나님께서 구원하시는 것을 지켜보기만 하면 된다.

제자들이 무엇을 해야 하는지는 그들이 판단할 일이 아니었습니다. 주님이 그들에게 예루살렘에 머물러 있으라고 하셨을 때 그들은 예루살렘에 머물며 기다렸습니다. 하지만 주님이 온 세상 모든 사람에게 복음을 전하라고 명하셨을 때 제자들은 세상으로 나가 모든 곳에서 주님께 배운 복음을 선포하기 시작했습니다.

마찬가지로 우리가 무엇을 해야 가장 합리적이고 수월할지도 우리가 판단할 일이 아닙니다. 우리는 주인이 아니라 종이기 때문에 우리의 의무는 주님의 명령대로 순종하는 것입니다. 단 하루라도 우리 마음대로가 아니라 우리의 인도자이며 지도자인 주님의 지시에 따라 모든 일을 진행해야 합니다.

어떤 사람은 그리스도를 위한 사역을 감당하느라 교회에 출석하지 못하기도 합니다. 그들은 선교지에서 사역하거나 복음을 전하기 위해 새로운 장소를 마련하거나 그 밖에 주님을 위해 여러 가지 일을 합니다. 주님께서 그들에게 축복해주시길 바랍니다! 저는 여러분 모두가 그들과 같은 일을 할 필요는 없다고 생각하지만, 적어도 설교를 들으러 교회에 나오는 일이 그리스도인으로 살아가는데 있어서 시작일 뿐이지 최종 목표는 아니란 사실만큼은 알았으면 합니다.

하나님의 진리가 가능한 한 널리 퍼지게 하십시오. 여러분이 빛을 발견하고 이 세상이 어둠 속에 있다는 사실을 깨달은 그 순간을 다른 사람에게 전하십시오. 하나님께서 여러분에게 촛불을 밝혀 주셨는데 방문을 걸어 잠그고 가만히 앉아 그것을 바라보며 〈온 세상은 어둠에 휩싸여 있지만 나는 빛을 손에 넣었다〉라고 혼자만 기뻐한다면, 그 촛불은 곧 모두 타버리고 여러분은 다시 어둠 속에 갇히게 될 것입니다. 하지만 여러분이 밖으로 나가 다른 사람들에게 빛을 나누어 주면, 성령님께서 여러분에게 더욱 밝은 빛을 비추어 주셔서 태양처럼 밝게 빛나게 될 것입니다.

제자들은 거리로 나갔습니다. 저는 성도들이 그들만의 작고 안전한 예배당에서 벗어나길 바랍니다! 그들은 수백 년 동안 곁길에 머물러 있었습니다. 그 안에서도 오랜 세월이 지나면서 이제 그들의 영혼은 성숙해졌습니다. 하지만 그들이 제자들처럼 거리로 나간다면 지금보다 더 많은 선한 일을 할 수 있을 것입니다.

여러분 교회에서 어떤 나이 든 집사님이 거리에서 설교하는 것을 반대합니까? 그러면 그분이 천국에 갈 때까지 기다렸다가 장례식 예배를 마치자마자 거리로 나가 사람들에게 그리스도를 전하기 시작하십시오. 복음을 가로막는 모든 장애물을 제거하십시오! 나이 든 성도들의 반대 의견을 존중하지만 그렇다고 죽어가는 영혼들을 그대로 내버려 둘 수는 없습니다. 죄인들이 우리를 거부하든 받아들이든 우리는 그들을 예수님께 데려오도록 노력해야 합니다.

제자들은 〈즉시〉 거리로 나갔습니다. 때가 되었을 때 그리스도께서 보내신 성령이 그들에게 내려왔으며, 그들은 거리로 나가 모든 곳에서 말씀을 전했습니다. 안타깝게도 우리는 입으로만 하겠다고 말하며 실제로 행동으로 옮기는 경우는 드뭅니다. 하지만 그들은 말로만 하겠다고 하지 않고 즉시 거리로 나갔습니다. 그들은 일일이 사도들에게 어디로 가서 말씀을 전해야 할지 지시받을 때까지 기다리지 않고 주님께서 인도하시는 대로 각자 자기가 가야 할 곳으로 가서 예수 그리스도의 복음을 전했습니다.

여러분은 복음을 믿으십니까? 복음을 듣지 못하는 사람은 멸망한다는 것을 믿습니까? 그렇다면 더이상 주저하며 고민하는 일은 그만두십시오. 복음을 널리 퍼뜨리는 가장 좋은 방법은 복음을 선포하는 것입니다. 또한 복음을 수호하는 가장 좋은 방법은 복음을 널리 퍼뜨리는 것입니다.

제자들은 주님의 명령에 〈순순히〉 따랐습니다. 그들은 거리로 나가 복음을 선포했습니다. 그들은 복음을 퍼뜨리기 위해 음악 콘서트를 열지 않았습니다! 사람들을 즐겁고 재미나게 하다가 마지막에 약간의 도덕적인 이야기를 곁들이는 모임을 열지도 않았습니다! 오늘날 우리는 이방 종교의 어두운 관습에 너무도 많은 영향을 받았습니다. 하지만 복음을 퍼뜨리기 위해 우리에게 필요한 일은 오직 복음을 선포하는 것입니다.

복음을 선포하는 것은 강단에서 설교하는 것뿐 아니라 사람들에게 죽음에서 부활하시고, 산 자와 죽은 자를 심판하시며, 속죄를 위한 희생 제물이 되셨으며, 하나님과 인간을 화목하게 하는 중재자이신 그리스도에 관해 이야기하는 것도 포함됩니다. 예수 그리스도를 선포할 때 죄인이 구원을 받을 수 있습니다. 비록 사람들에게는 복음을 선포하는 일이 어리석게 보일지 몰라도 하나님은 그것을 통해 믿는 자들을 구원하십니다.(고전 1:21)

사람들이 무엇이라 말하든 우리는 오직 하나님의 말씀으로 돌아가 주님께서 우리를 구원하시기 위해 정하신 주된 수단이 무엇인지 파악해야 합니다. 바로 이것이 우리가 전쟁에서 승리할 수 있는 무기입니다. 하지만 많은 사람이 이 무기를 사용하지 못하도록 우리의 입을 봉인하려 애씁니다. 그리고는 자신이 개발한 새로운 발명품과 전략으로 그것을 대체하려 합니다. 하지만 그들의 발명품은 아무런 열매도 맺지 못할 것이며, 여러분은 마침내 오직 예수 그리스도의 이름과 복음과 사역은 인류에게 선포하는 것만이 진정한 효력을 발휘하며 다른 방법은 모두 실패한다는 것을 확실히 깨달을 것입니다.

제자들은 밖으로 나가 복음을 전했습니다. 그들은 논쟁을 벌이거나 그리스도인의 믿음을 변증하는 논문을 쓰지 않았습니다. 그저 밖으로 나가 하나님의 말씀을 선포했습니다. 그들은 진리를 하나님께서 주신 계시로 여겼습니다. 그들은 예수 그리스도의 이름으로 사람들에게 주님을 믿으라고 강권했으며, 그들이 믿지 않을 경우에는 그들을 떠났습니다. 믿지 않는 자들은 자기들의 불신으로 인해 멸망에 처할 것을 알았기 때문입니다. 제자들은 사람들에게 예수님을 믿을 것을 눈물로서 간청했습니다. 그들은 누구든지 예수님을 믿는 자는 그분의 이름을 통해 영생을 얻는다고 확신했습니다. 이것이 그리스도의 모든 교회가 세상이 끝나는 날까지 해야 하는 일입니다.

또한, 제자들은 〈모든 곳〉에서 복음을 전했습니다. 어떤 저명한 신앙 작가에게 교회가 부채를 갚기 위한 기부금을 요청하자, 그는 꼭 교회 건물 안에서만 그리스도를 전할 것이 아니라 야외로 나가서 전하면 안 되냐고 되물었습니다. 물론 우리는 야외에서도 그리스도를 전할 수 있으며, 폭우가 내리거나 하지 않는 이상 그렇게 해야만 합니다. 거리에서 예수 그리스도를 전하면 안 될까요? 물론 그렇지 않습니다. 비가 자주 오는 영국의 기후를 감안할 때 하나님께 예배드릴 건물이 필요한 것은 사실이지만, 그렇다고 해서 꼭 건물 안에서만 복음을 전해야 한다는 생각에 갇혀서는 안 됩니다.

제자들은 밖으로 나가 모든 곳에서 복음을 전했습니다. 존 웨슬리가 교회와 교구를 벗어나 설교를 했을 때 어떤 사람들은 그를 비난했습니다. 하지만 웨슬리는 전 세계가 자기의 교구이자 모든 사람의 교구라고 말하며 그만두지 않았습니다. 여러분이 어디로 가든지 그곳에서 복음을 전하십시오. 해변으로 휴가를 갈 때도 전도지를 챙겨가십시오. 그리고 해변가에 앉아 있을 때도 기회를 봐서 사람들에게 주 예수 그리스도를 전하십시오.

제가 아는 어떤 분은 시간이 날 때마다 하이드 공원에 가서 벤치에 앉은 사람들에게 말을 걸었습니다. 그리고 그들을 교회에 초대해 가장 좋은 자리에 앉히고, 설교가 끝난 후에는 그들을 보살피며 그리스도에 관해 이야기했습니다. 그는 〈저는 비록 설교를 못하지만 사람들을 목사님께 데려올 수는 있습니다. 그리고 하나님께서 그들을 축복하시기를 기도할 수는 있습니다〉라고 말합니다.

또, 어떤 형제는 주일마다 교회에 올 때 아침 8시에 집에서 출발했습니다. 그는 복음을 듣기 위해 주일 아침마다 12마일을 걸어서 교회에 왔다가 예배를 마치면 다시 그 거리를 걸어서 집으로 갔습니다. 그리고 아침 8시에 집에서 출발해서 교회에 오늘 길에 있는 집의 우편함마다 저의 설교문을 하나씩 넣었습니다. 그렇게 그는 오가는 먼 거리를 잘 활용해 1년 동안 수천 편의 설교문을 배포했습니다. 주일 아침 시간을 매우 알차게 사용한 것입니다. 이처럼 사람들에게 복음을 알린 덕분에 그는 복음을 더욱 깊이 있게 만끽할 수 있었습니다.

성경은 우리가 〈하나님의 동역자〉라고 합니다. (고전 3:9) 우리가 주님과 함께 일할 수 있다니 참으로 은혜로운 일이지 않습니까? 심지어 하나님께서 친히 우리를 찾아오셔서 나약하고 불완전한 우리와 함께 일하시니 얼마나 은혜로운 일입니까? (막 16:20) 한 자매는 스스로 주일 학교 교사로서 자격이 없다고 생각했지만 믿음으로 그 사역을 감당했을 때 하나님께서 그녀와 함께 일하셨습니다. 또, 어떤 형제는 전혀 설교를 해본 적이 없었지만 믿음으로 설교 사역을 시작했을 때 하나님께서 그와 함께 일하셨습니다. 주님은 어부나 가난한 여인과 함께하셨던 것처럼 그들과 함께 일하셨습니다! 하나님은 이처럼 놀랍게도 우리에게 손을 내미십니다!

성령님은 제자들이 복음을 전할 때 그들의 말에 권능을 실어주셨습니다. 아무리 말재주가 부족하더라도 그들의 말에는 사람들의 마음을 사로잡아 하나님의 축복을 받아들이게 하는 힘이 있었습니다. 우리가 그리스도를 섬기기 위해 애쓴다면 우리도 모르는 사이에 하나님께서 놀라운 방식으로 우리와 함께 일하십니다.

제가 겪은 사례를 말씀드리겠습니다. 어떤 지역에 복음이 전해지지 않아 많은 사람이 구원의 길을 모르고 지낸다는 소식을 들었습니다. 그곳에서 교회에 다니는 사람은 매우 소수였습니다. 그들 중 한 형제가 저를 방문했고 저는 그의 방문을 하나님께서 축복해 주시도록 열심히 기도했습니다. 그런데 제가 그 지역에 대해 생각하고 있을 때 그곳에 있는 그리스도인들은 제가 방문해서 복음을 전해주길 바라고 있었습니다.

그리고 얼마 지나지 않아 그들에게서 편지를 받았습니다. 그들은 자신들을 위해 주님의 일을 할 사람을 간절히 원하고 있었습니다. 저는 〈이것 참 이상하군. 내가 이 지역을 안 것은 수년이 되었지만 그동안 한 번도 내게 설교를 요청한 적이 없었는데, 내가 그곳의 사람들에게 다가가려 하자 그들도 내게 다가오려 하는구나〉라고 생각했습니다. 여러분도 이와 같은 일을 겪을지도 모릅니다. 여러분이 가서 사역을 해야겠다고 마음이 끌리는 그곳에 하나님께서 먼저 가서 일하고 계십니다. 이스라엘 백성이 가나안 족속을 멸하러 갈 때 주님께서 먼저 왕벌을 보내신 것을 기억하십시오. 〈내가 너희보다 먼저 왕벌을 보내 그들을 너희 앞에서 쫓아내었다.〉 (수 24:12) 여러분이 죄인들에게 복음을 전하러 갈 때도 하나님은 반드시 사전에 준비해 놓으실 것입니다.

반대로 하나님은 우리보다 나중에 일하기도 하십니다. 어떤 때는 우리가 일하고 나서 바로 즉시 하나님께서 일하시기도 하고, 때로는 수년이 지난 후에 일하시기도 하십니다. 이 세상에는 여러 가지 다른 종류의 씨가 있습니다. 어떤 나무의 씨앗은 특별한 과정을 거치기 전까지 수년간 땅속에 있기도 합니다. 그것들은 오랜 기간 씨앗 상태로 가만히 있지만 적당한 때가 되었을 때 마침내 새싹을 돋웁니다. 마찬가지로 사람들 중에는 복음을 듣고 곧바로 깨닫는 것이 아니라 특별한 환경이 갖추어졌을 때 영혼 깊숙이 자리 잡고 있던 복음이 싹을 틔워 그들의 마음을 변화시키기도 합니다.

이처럼 하나님께서 우리와 함께 일하신다면 우리에게 불가능한 일이 무엇이 있겠습니까? 그러므로 그리스도인 사역자에게 가장 필요한 것은 바로 하나님께서 함께 일하시는 것입니다. 따라서 우리는 날마다 하나님께서 우리와 함께하시기를 간구해야 합니다. 하나님께서 우리와 함께하시지 않는다면 우리는 아무것도 아니란 것을 항상 깨달아야 합니다. 우리는 마치 성령님께서 당연히 일하실 것으로 여기며 입으로만 성령님을 찬양해서는 안 됩니다. 항해하는 사람이 바람이 없다면 앞으로 나아갈 수 없듯이 우리도 성령님이 함께 하시지 않으면 아무 일도 할 수 없습니다. 항해사가 항상 바람이 부는 방향대로 배를 몰 듯이 우리도 성령님께서 인도하시는 대로 사역을 해야 합니다.

성령님께서는 우리가 아무리 좋은 의도로 하더라도 제멋대로 하는 사역에는 축복해 주시지 않습니다. 그것은 주님의 뜻에 따른 일이 아니기 때문입니다. 그러므로 사역을 할 때 조금이라도 교만이나 자기 과시가 담기지 않도록 주의하십시오. 대신 모든 일을 할 때 믿음으로 겸손하게 하나님을 의지하며 거룩하고 은혜로운 마음가짐으로 행하십시오. 그럴 때 성령님은 우리가 하는 사역을 축복해 주십니다. 또, 우리는 모든 일을 할 때 기도하는 것을 잊지 말아야 합니다. 하늘에 계신 아버지는 구하는 자에게 성령을 주십니다. (눅 11:13) 따라서 우리는 성령님께서 우리와 함께 일하시기를 간절히 구해야 합니다.

성령님을 굳게 믿으십시오. 그러면 어떤 일이 있어도 낙심하거나 곤란을 겪지 않을 것입니다. 주님께 어려운 일이 무엇이 있겠습니까? (창 18:14) 성령님께 어려운 일이 무엇이 있겠습니까? 수영을 하기 위해서는 땅에만 있지 말고 깊은 물 속으로 들어가야 합니다. 우리가 아무것도 할 수 없다고 느껴질 때 오히려 그것이 더 큰 은혜가 됩니다. 그럴 때 우리는 오직 하나님만 믿고 의지해야 하기 때문입니다! 주님의 뜻을 믿고 행하십시오. 그러면 여러분은 결코 실패하지 않을 것입니다. 성령님, 오셔서 저희와 함께 사역하여 주소서! 저희가 사역에 힘쓸 수 있도록 거룩한 열정을 주시고 저희와 함께 일하여 주소서!

성령님의 도움

그러나 보혜사, 곧 아버지께서 내 이름으로 보내실 성령께서 너희에게 모든 것을 가르치시며, 내가 너희에게 말한 모든 것을 기억나게 하실 것이다. (요 14:26)

하나님을 믿으십시오. 그리고 〈하나님께는 모든 것이 가능하다〉(마 19:26)라는 사실을 결코 의심하지 마십시오. 이 사실이 저에게는 위로의 샘이며 힘의 저장소가 됩니다. 이스라엘의 거룩한 분을 제한하지 마십시오. 인간의 타락한 본성을 기준으로 성령님을 가두지 마십시오. 여러분이 예수님을 믿는 믿음으로 눈물을 흘리며 주님께 나아온다면 해결하지 못할 문제는 없습니다. 만군의 여호와께서 우리와 함께 계시므로 우리에게는 언제나 소망이 있습니다.

때로 우리는 사람들의 마음이 너무도 강퍅해서 심란해지기도 합니다. 특히 주님의 일을 하는 사람들은 이 점을 더욱 깊이 공감할 것입니다. 혹시 자기 힘으로 다른 사람의 마음을 변화시킬 수 있다고 생각하는 사람이 있다면 한번 시도해보십시오. 그러면 사람들 마음속에 자리 잡은 〈옛 아담〉이 얼마나 강력한지 깨달을 것입니다. 우리 힘으로는 사람의 마음 문을 막고 있는 타락한 본성의 돌덩이를 치울 수 없습니다.

그러면 어찌해야 할까요? 우리는 할 수 없지만 여호와의 영께는 한계가 없습니다. 여러분이 돌보고 있던 알코올 중독자가 다시 술을 마시기 시작했습니까? 여러분은 그를 변화시킬 수 없었지만 성령님이라면 충분히 가능합니다. 그가 금주하겠다는 서약을 어겼습니까? 여러분도 하나님과 서약한 내용을 어겼지만 성령님은 그것에 개의치 않고 여러분의 마음을 새롭게 하여 죄에 대한 사랑을 버리게 하셨습니다. 하나님의 영께서 여러분을 도우신다면 여러분을 통해 회심한 사람도 결국에는 약속을 지키게 될 것입니다.

또, 몸을 파는 여인을 구해줬는데 다시 몸을 팔기 시작했습니까? 그런 죄에 빠졌던 사람이 다시 같은 죄를 반복하는 것은 드문 일이 아닙니다. 하지만 성령님께서 그런 여인을 구원할 수 없으실까요? 그녀의 마음에 예수님에 대한 간절한 사랑을 심어줄 수 없으실까요?

우리는 좌절할 수 있지만 성령님은 그렇지 않습니다. 우리의 그릇은 너무도 작습니다! 그래서 금세 바닥을 드러냅니다! 주일 아침에 일어날 때마다 우리는 그날을 어떻게 버텨야 할지 막막합니다. 〈오늘은 주일학교에서 잘 가르치지 못할 것 같아. 자신감도 없고 기운도 나지 않아. 머릿속이 복잡하고 아무 생각이 나지 않아〉라고 하면서 한숨을 내쉬기도 합니다. 그럴 때 성령님께 도움을 구하십시오. 그러면 여러분을 도와주실 것입니다. 어떤 사람에게 복음을 전하고 싶은데 제대로 말을 할 수 있을지 걱정됩니까? 성령님께서 우리가 해야 할 말이 떠오르게 해주겠다고 약속하셨습니다. 여호와의 영에게 부족한 것이 있겠습니까? 그분께서 여러분의 마음과 혀가 준비되도록 할 수 없으시겠습니까?

그렇지 않습니다. 여호와의 영에게 한계는 없습니다. 〈내 은혜가 네게 족하다〉(고후 12:9)라는 말씀은 여전히 우리에게 유효합니다. 그러므로 우리는 바울 사도처럼 〈내가 약한 그때에 강하다〉(고후 12:10)라고 고백하며 기뻐할 수 있습니다. 여호와의 능력은 우리의 약함 가운데 완전하고 영광스럽게 드러납니다. 지치고 연약한 사역자여, 한계가 없으신 성령님 안에서 기뻐하십시오. 수고로이 밭을 가는 일꾼이여, 여호와의 영은 전능하다는 사실을 굳게 붙드십시오. 그가 휘두르는 망치에 깨지지 않을 바위는 없으며, 그의 불에 녹아내리지 않을 쇳덩어리는 없습니다. 주님은 우리에게 그분의 영을 주시고 주님의 능력으로 우리를 감싸주시겠다는 약속을 저버리지 않으실 것입니다. 주님은 우리에게 〈네가 사는 날 동안 네게 힘이 있을 것이다〉(신 33:25)라고 말씀하십니다.

어떤 분은 〈하지만 최근에 회심한 사람이 얼마나 적은지 보십시오! 교회에 출석하는 사람은 매우 적고 1년 내내 회심자가 한 명도 없는 교회도 많습니다〉라고 한탄할지도 모릅니다. 안타깝게도 그것이 현실일 수 있습니다. 그렇다고 해도 여호와의 영에게 한계가 있겠습니까? 그것이 그분이 하신 일이겠습니까?(미 2:7)

회심자가 적은 데는 분명 다른 이유가 있을 것입니다. 회심한 사람이 전혀 없다고 해도 우리는 그것을 성령님의 책임으로 돌릴 수는 없습니다. 오히려 교회 안에서 그리스도가 제대로 선포되었는지, 믿음이 부족하지는 않았는지 살펴보아야 합니다. 어느 정도는 설교자의 책임도 있습니다. 그는 자신이 말씀을 놓고 얼마나 많이 기도했는지 되돌아보아야 할 것입니다. 교인들도 실패의 원인이 혹시 자기에게 있지는 않은지 마음을 살펴보아야 할 것입니다. 하나님의 사역이 막혀 있다면 아마도 성령님의 활동을 방해하는 은밀한 죄가 우리 가운데 있기 때문일 것입니다. 하나님은 거룩하시기 때문에 거룩하지 않고 믿음이 없는 자들과는 함께 일하시지 않습니다. 예수님께서도 믿음이 없는 자들이 있는 곳에서는 많은 기적을 행하시지 않았습니다. (마 13:58) 불신은 비옥한 땅도 황무지로 바꾸어 버립니다. 성령님의 능력에는 제한이 없지만 우리의 죄가 그분을 우리에게서 멀어지게 합니다. 그렇기에 회심자가 나오지 않는 것을 그분의 탓으로 돌릴 수는 없습니다. 그것은 분명 우리가 성령님의 능력을 의지하지 않고 사역했기 때문입니다. 우리는 지극히 높으신 분의 영을 조금도 탓해서는 안 됩니다. 오늘날 우리가 얼굴을 들 수 없을 정도로 수치를 겪는 것은 우리가 주님께 신실치 못하게 행했기 때문입니다. (단 9:7)

또한, 요즘은 능력 있는 그리스도인이 부족하다는 말을 많이 듣습니다. 엘리야처럼 산에 올라가 하늘을 비구름으로 덮을 사람이 오늘날에는 어디 있습니까? 열방을 회심하게 할 사도와 같은 사람은 어디 있습니까? 더 나은 시대를 만들기 위한 영웅과 순교자들은 어디 있습니까? 우리는 거의 아무런 열매도 맺지 못하는 헛된 시대를 살고 있지는 않습니까? 아마 그럴지도 모릅니다. 하지만 그것은 결코 성령님의 잘못이 아닙니다. 우리 시대가 영적으로 퇴보한 것을 성령님의 탓으로 돌려서는 안 됩니다. 우리는 스스로 타락했으며, 따라서 오직 성령님 안에서만 도움을 얻을 수 있습니다. 오늘날 우리는 〈깨어나소서, 깨어나소서, 여호와의 팔이여〉(사 51:9)라고 부르짖어야 합니다. 그리고 하늘로부터 〈깨어라, 깨어서 네 힘을 내어라, 오 시온아. 네 아름다운 옷을 입어라. 네게 묻은 먼지를 털어라〉(사 52:1~2)라는 주님의 음성에 귀 기울여야 합니다.

우리 중에 많은 사람이 만일 전심을 다했다면 주님을 위해 놀라운 일을 성취했을지도 모릅니다. 다윗과 견주며 하나님의 천사들처럼 되었을 사람이 있을지도 모릅니다. 하지만 우리는 우리 자신의 잘못으로 인해 놀라운 가능성에 도달하는 길을 스스로 막아버렸습니다. 이제 하나님의 영을 탓하는 죄를 짓지 말고 진실하고 겸손한 마음으로 자신의 책임을 인정하십시오. 우리가 그동안 빛 가운데 살고 있지 않았다면 당연히 어둠 가운데 살고 있었다는 의미이지 않습니까? 우리가 그동안 천상의 음식을 먹고 있지 않았다면 당연히 영적으로 연약해지지 않았겠습니까?

이제 주님께로 돌아갑시다. 다시 성령과 불로 세례를 받읍시다. 그러면 우리는 주님께서 행하시는 놀라운 사역을 다시 보게 될 것입니다. 주님은 우리 앞에 열린 문을 세워 두셨습니다. 그런데 우리가 그곳으로 들어가지 않으면 그로 인한 문제의 책임은 모두 우리가 짊어져야 합니다. 하나님은 모든 사람에게 후하게 주시고 꾸짖지 않으십니다. (약 1:5) 그런데 우리가 받지 못하는 것은 우리가 구하지 않았거나 잘못된 것을 구했기 때문입니다. 구하지 않으면 받을 수 없습니다. 또, 구하여도 받지 못하는 것은 정욕에 쓰려고 잘못 구하기 때문입니다. (약 4:2~3)

세상이 지금 어떤 상태인지 보십시오. 복음이 세상에 선포된 지 벌써 이천 년이 지났는데도 회심한 사람은 극히 일부분에 불과하며 대부분은 우상을 숭배하고 세상에는 여전히 죄와 거짓과 빈곤과 고통이 만연합니다! 우리는 이런 슬픈 사실을 매우 잘 알고 있습니다. 그런데 그것이 성령님의 잘못입니까? 성령님께서 죄와 어둠을 만드셨습니까? 성령님께서 불법과 핍박을 지으셨습니까? 싸움과 다툼이 어디서 비롯된 것입니까?(약 4:1) 성령님에게서 비롯된 것입니까? 아니면 우리 자신의 정욕에서 비롯된 것입니까?

이 세상이 여전히 한 번도 청소하지 않은 아우게이아스 왕의 외양간처럼 끔찍하게 더럽다고 하더라도 그것을 조금이라도 성령님 탓으로 돌릴 수 있겠습니까? 복음이 온전히 전해진 곳에서 주님의 말씀이 바른길을 걷는 자들에게 얼마나 많은 유익을 주었습니까? 얼마나 많은 식인종이 교화되고 속죄되었습니까? 또, 그리스도인들의 영향력으로 인해 얼마나 많은 노예 상인과 악인이 사라졌습니까? 그런데 어떻게 그리스도와 복음을 전해준 성령님을 탓할 수 있겠습니까? 어둠이 있다고 해서 태양을 탓하겠습니까? 돼지우리가 더럽다고 해서 맑은 시냇물을 탓하겠습니까? 해충들 때문에 바다에서 불어오는 신선한 바람을 탓하겠습니까? 그것은 그저 바보 같은 짓일 뿐입니다.

그 대신, 우리는 죄와 어둠과 인간의 비참함을 인정해야 합니다.

> 아, 내 머리가 물이었고, 내 눈이 눈물샘이었다면, 죽임을 당한 내 백성의 딸을 위해 밤낮으로 울 수 있었을 텐데. (렘 9:1)

하지만 이런 비참함은 성령님께서 하신 일이 아닙니다. 이것은 지옥의 영들이 일으킨 일입니다. 하늘에서 내려오신 성령님이 하는 일은 치유하는 것입니다. 그분의 능력에는 제한이 없습니다. 이 세상의 비참함은 그분의 탓이 아닙니다. 복음이 선포되어 사람들이 믿고 따를 때 그들은 깨닫고 거룩해지며 축복을 받습니다. 생명과 사랑, 빛과 자유, 그 밖의 모든 선한 것이 바로 여호와의 영으로부터 나옵니다.

> 그분이 통치하시는 곳에 행복이 넘친다.
> 죄인들은 사슬에서 풀려나 기뻐 뛰며,
> 지친 자는 영원한 쉼을 얻고,
> 모든 궁핍한 자들에게 축복이 임한다.

오직 그리스도

혹시 여러분에게 기독교 선교를 위해 일할 기회가 주어진다면 그것은 분명 그리스도께서 직접 맡기신 사역일 것입니다. 그러므로 우리가 맡겨진 사명에 충실하다면 그것은 곧 그리스도께 충성하는 일입니다. 그리고 맡겨진 사명을 성공적으로 수행하기 위해서는 반드시 그리스도와 지속적이고 친밀한 교제 속에서 그것을 감당해야 합니다. 우리는 사역을 할 때 그리스도와 함께 시작하고, 항상 같이 일하며, 그분이 그만두라고 하기 전까지 멈추어서는 안 됩니다. 우리는 모든 일을 교회의 머리이신 그리스도의 이름으로 해야 합니다! 그리고 모든 그리스도의 사역은 그분의 능력을 힘입어서 해야 합니다!

지금은 예수님께서 왕권을 소유하고 계십니다. 예수님의 권세는 그분의 공로와 영광스러운 본성과 그분 위에 임하신 성령님의 은사에서 비롯됩니다. 〈권세〉란 단어에는 매우 넓은 의미가 담겨 있습니다. 요한복음 1장 12절에 좋은 예가 나옵니다. 누구든지 예수님을 영접하는 자에게는 하나님의 자녀가 되는 권세를 주신다고 했습니다. 여기서 권세는 〈특권〉이나 〈권리〉 또는 〈자유〉란 뜻으로도 번역할 수 있습니다.

예수님은 현재 하늘과 땅의 모든 권세를 쥐고 계십니다. 예수님은 모든 주권과 통치권을 소유하고 계시며 당연히 그분의 권리에 합당한 능력도 지니고 계십니다. 예수님이 지닌 이 능력은 단순히 군사력이나 화력의 차원이 아닙니다. 세상의 왕들이 기뻐하는 다이너마이트의 힘이 아닙니다. 그리스도의 힘은 더욱 고차원적인 것입니다. 그것은 바로 신령한 사랑의 힘입니다. 예수님은 현재 하늘과 땅의 모든 권세를 쥐고 계십니다.

예수님은 〈하늘과 땅의 모든 권세를 내게 주셨으니〉(마 28:18)라고 말씀하셨으며, 실제로 현재 모든 권세를 쥐고 계십니다. 저와 여러분이 복음을 전하는 것은 그리스도께서 권세를 얻게 하기 위해서가 아닙니다. 그리스도는 이미 권세를 쥐고 계십니다. 우리는 누군가가 주장하는 것처럼 세상을 이겨서 그리스도께 바치려고 보냄 받은 것이 아닙니다. 엄밀히 말하면 세상은 이미 그리스도의 것입니다. 그리스도는 지금 이 순간에도 영광의 왕이십니다. 지금도 모든 것을 통치하시는 왕의 왕이시며 주의 주이십니다. 모든 권세가 예수님께 주어졌습니다. 그것이 정확히 언제 주어진 것에 대해서 자세한 설명은 하지 않겠습니다. 다만, 그것은 확실히 예수님께 주어졌습니다. 그 위대한 일은 이미 성취되었습니다. 우리 주 예수님은 모든 육신을 통치하고 아버지께서 주신 모든 자에게 영생을 주는 권세를 소유하셨습니다. 주님은 이미 쇠 막대기로 질그릇 부수듯 모든 민족을 심판할 권세의 홀을 손에 쥐고 계십니다.(시 2:9) 주님은 이미 보좌에 앉아계시기 때문에 보좌를 차지하려 할 필요가 없습니다. 주님은 이미 면류관을 쓰고 계시기 때문에 면류관을 얻을 필요가 없으며, 우리는 그분을 왕의 왕이요 주의 주라 부릅니다.

그런데 어떤 사람들은 성경을 거꾸로 해석하는 잘못을 저지르기도 합니다. 그들은 〈하나님의 계획은 반드시 성취되게 되어 있어. 따라서 우리는 가만히 있어도 돼. 모든 권세는 그리스도의 손안에 있으니 우리는 아무것도 하지 않아도 돼〉라고 말합니다. 하지만 그것은 그리스도의 성경 해석 방식이 아닙니다. 그리스도의 방식은 〈모든 권세가 내게 주어졌으니, 그러므로 가서 행하라〉라는 것입니다.

그러면 그들은 〈하지만 주님, 주께서 모든 권세를 쥐고 계시는데 우리가 주님을 위해 무엇을 하길 원하십니까? 우리는 너무도 무력하고 쓸모없는 자라 무언가를 시도하면 오히려 상황을 악화시킬 것이 뻔합니다〉라고 변명합니다. 하지만 주님은 〈아니다. 모든 권세는 내게 주어졌으니, 그러므로 가서 행하라〉라고 하십니다.

예수님은 우리에게 자신이 모든 권세를 쥐고 있으니 안심하고 가서 행하라고 말씀하십니다. 많은 사람이 가만히 앉아 〈모든 것이 잘못되었어. 세상은 점점 더 나빠지고 모든 일은 계속 악화될 거야〉라고 불평만 합니다. 그들은 함께 앉아 걱정만 하며 서로 점점 더 깊은 절망에 빠져들게 합니다! 여러분도 자주 그렇게 하지 않습니까? 안타깝게도 이것은 사실이며 우리는 다른 사람들이 절망을 함께 공감하는 것을 보고 위안을 얻습니다. 무언가 노력해보려 해도 우리가 할 수 있는 것은 거의 없으며 별로 도움이 되지 않을 것 같습니다.

주님께서 주신 이 메시지는 제 귀에 마치 나팔 소리처럼 들립니다. 주님이 주신 이 말씀은 풍경 소리처럼 잔잔하지만, 마치 전쟁 나팔 소리처럼 우렁차게 울려 퍼집니다. 이 말씀에는 우리로 하여금 가서 행하게 하는 능력이 있습니다. 그러므로 재와 먼지를 털어내고 일어나 가서 행하십시오. 절망에서 벗어나십시오. 나팔 소리가 〈준비! 돌격!〉이라고 외칩니다. 전쟁은 시작되었으며, 예수 그리스도의 모든 선한 군사들은 주군을 위해 전방에 있어야 합니다. 모든 권세가 그리스도께 주어졌기 때문에 그리스도는 그분의 백성에게 그것을 나눠주고 전장으로 보내 이기게 하십시오. 주님은 우리에게 이렇게 말씀하십니다.

가라, 어서 가라.

하지만 주님, 우리가 가려면 여권과 비자가 필요합니다.

그것들을 챙겨가라. 하늘과 땅의 모든 권세가 내게 주어졌다. 너는 하늘에서도 자유이며 땅에서도 자유다. 에티오피아든 중동의 사막이든 로마의 중심지든 이 땅에서 네가 가지 못할 곳은 없다. 〈모든 권세가 내게 주어졌다〉라는 말이 곧 너의 여권이다. 그러므로 너는 가라.

하지만 주님, 여권만이 아니라 주님의 위임장도 필요합니다.

〈모든 권세가 내게 주어졌다〉라는 말이 곧 너의 위임장이다. 내가 그 권세를 너에게 위임하겠다. 내게는 권위가 있으며 내가 그 권위를 너에게 주겠다. 그러므로 너는 가라. 군주와 왕과 거지들에게 찾아가 그들을 가르쳐라. 내가 너를 임명하겠다. 너희가 나를 알고 내 사랑이 너희 마음에 부어졌다면 내가 너희를 위임하여 죄인들에게 보내 너희가 발견한 구세주의 소중함을 전하게 하겠다. 그리고 사람들이 너희에게 감히 누구의 이름으로 그 일을 행하는지 물으면, 너희는 사제나 목사에게 임명받았다고 하지 말고 그저 하늘과 땅의 모든 권세가 너희의 주인에게 주어졌으며 너희는 그의 이름으로 왔다고 말하라. 그러면 아무도 너희에게 따지지 않을 것이다.

주님은 또한 〈너희를 보내기 전에 이미 나의 능력을 보내어 두었다〉라고 말씀하십니다. 이것을 잊지 마시기 바랍니다. 예수님은 〈가서 나를 위해 이 땅의 사람들에게서 능력을 얻어라〉라고 말씀하시지 않았습니다. 주님은 이렇게 말씀하십니다.

내가 이미 모든 권위와 능력을 보내어 두었다. 그러므로 너희는 가라. 나는 너희를 낯선 곳으로 보내는 것이 아니다. 모든 영혼이 나의 것이므로 내가 너희를 보내는 곳도 나의 소유다. 너희가 유대인에게 가든 헬라인에게 가든 그들은 모두 내 것이다. 너희가 인도나 중국으로 갈 때 다른 누군가의 허락을 받을 필요가 없다. 그곳은 내가 소유한 나라이기 때문이다. 너희는 너희가 섬기는 왕이 내린 임무를 수행하는 중이다. 왕의 능력이 너보다 먼저 도착해 있을 것이다.

때로는 선교사들이 어떤 나라를 방문했을 때 나무를 심지도 않았는데 잘 익은 열매를 거두는 경우도 있습니다. 여호와께서 말벌을 먼저 보내 이스라엘 백성이 가는 길을 청소한 것처럼, 십자가의 메시지를 전하러 가는 자들이 가는 곳에도 정치적, 사회적, 종교적 변화를 일으켜 그들의 앞길을 예비하실 것입니다. 왕이신 예수님은 그분의 모든 군사에게 이렇게 말씀하십니다.

내가 하늘과 땅의 모든 권세를 쥐고 있다. 그러므로 너희는 담대하며 의심하거나 머뭇거리지 말고 가서 모든 민족을 제자로 삼고 아버지와 아들과 성령의 이름으로 세례를 주라. (마 28:19 참조)

만일 성령님께서 우리가 전하는 말씀을 축복해 주시지 않는다면 우리는 가장 불행한 자들이 될 것입니다. 악한 영이 충만한 곳으로 가서 복음을 전하는 것은 성령님의 도우심이 없다면 불가능한 일이기 때문입니다. 성령님께서 듣는 사람의 마음을 새롭게 해주시지 않는다면 우리는 아무것도 할 수 없습니다. 성령님께서 그들을 거듭나게 해주시지 않는다면 우리는 아무것도 할 수 없습니다. 성령님께서 그들의 영혼에 진리를 심어 주시지 않는다면 우리는 그저 시체의 귀에 대고 말하는 것일 뿐입니다. 우리가 해야 할 일은 오직 주님과 함께 하는 것뿐입니다. 그렇지 않으면 우리는 아무것도 할 수 없습니다. 우리는 이 위대한 진리를 절실히 깨달아야 합니다. 단순히 말로만 하는 것이 아니라 날마다 주님께서 하늘과 땅의 모든 권세를 쥐고 계신다는 기쁜 사실을 가슴 깊이 만끽하며 살아가야 합니다.

그런데 어째서 항상 절망에 빠져 있습니까? 왜 하나님의 선하신 뜻은 절대로 이루어진다는 사실에 의문을 품습니까? 왜 세상의 악으로 인해 늘 근심과 걱정에 사로잡혀 있습니까? 용기를 내십시오! 우리 왕께서는 모든 권세를 지니고 있기에 절대로 패하지 않습니다. 우리 군대 진형의 오른쪽 날개가 일시적으로 꺾이더라도 왕께서는 진형의 중앙에서 승리의 백마를 타고 유유히 계십니다. 그분은 그저 한마디 말로 결정만 하면 됩니다. 그러면 적들은 바람에 날리는 겨처럼 사라질 것입니다.

그리스도께서 〈가라〉고 말씀하셨습니다. 그러니 우리는 즉시 그분의 명령에 따라 하나님께서 인도하시는 길로 가야 합니다. 가서 모든 민족을 제자로 삼으십시오. 그들에게 예수 그리스도가 필요하며 그분의 뜻에 복종해야 한다는 사실을 가르치십시오.

다음으로, 모든 일에 그리스도께 충성하며 주께서 제자들에게 명령한 모든 것을 가르쳐 지키게 하십시오. (마 28:20) 주님께 모든 권세가 있으니 다른 어떤 것도 두려워하지 마십시오. 주님의 집에 거하며 주님의 생각을 읽고, 주님의 뜻을 배우고, 주님의 책을 연구하고 주님의 영을 받으십시오. 다른 어떤 능력보다 이것을 더 중요하게 여기십시오. 언제나 주님과 교제 안에 머물러 있으려 애쓰십시오.

주님은 〈보아라, 내가 항상 너희와 함께 있을 것이다〉(마 28:20)라고 말씀하셨습니다. 주님에게서 절대로 떨어지지 마십시오. 모든 권세가 주님께 있으니 주님의 곁에 바짝 붙어 있으십시오. 그러면 그분의 군사가 여러분을 지켜줄 것입니다. 주님의 신발

끈을 풀고 그분의 발을 씻길 물을 가져오는 종이 되는 것을 영광스럽게 여기십시오. 주님께서 〈보아라, 내가 항상 너희와 함께 있을 것이다〉라고 말씀하셨으니 여러분도 항상 그분과 함께 계십시오.

위대한 믿음과 위대한 사역

너희 믿음이 어디 있느냐? (눅 8:25)

그리스도께서 변화산에 세 명의 제자를 데리고 올라가셨을 때 산기슭에 남아 있던 아홉 명의 제자들 역시 주 예수 그리스도께 소명을 받은 자들이었습니다. 그들도 예수님께서 택하신 사도들이었습니다. 주님은 그분의 선하고 기쁘신 뜻에 따라 제자들을 택하셨으며, 그들이 사도로서 부름 받았다는 사실에는 조금도 의심의 여지가 없습니다. 그들은 택함 받았을 뿐 아니라 아픈 자를 치유하고 악령을 내쫓고 큰 능력으로 그리스도의 말씀을 선포하며 인정을 받았습니다. 주님의 능력이 그들 위에 임하였고 그들은 주 예수 그리스도의 이름으로 놀라운 기적을 행할 수 있었습니다. 그들은 이런 능력을 받기만 한 것이 아니라 실제로 많은 사람을 치유했습니다. 하나님의 능력을 힘입어 나아갔을 때 그들은 모든 곳에서 아픈 자를 치유하고 악령을 내쫓았습니다. 하지만 그들도 침착함을 잃고 당황할 때도 있었습니다.

한 가엾은 아버지가 제자들에게 악령이 들렸고 뇌전증을 앓고 있는 아들을 데려왔습니다. 제자들은 그 악령을 내쫓지도 못했고 아들의 병을 치유하지도 못했습니다. 그들은 매우 어려워하며 당혹함을 느꼈습니다. 서기관들은 그들을 비웃으며 그 상황을 이용해 이런 식으로 모욕을 주었습니다.

> 너희 스승의 능력이 부족하기에 너희는 이 아이를 고칠 수 없다. 너희 스승이 일부 신비한 일을 할 수 있을지는 몰라도 모든 것을 할 수는 없다. 아마 그는 이전의 능력을 잃어버렸고 마침내 그가 쫓아낼 수 없는 악령이 나타난 것이다. 너희가 그를 따른 것은 실수였다. 너희는 사기꾼을 믿었던 것이고 지금이라도 그에게서 떠나는 편이 좋을 것이다.

우리가 믿음과 사랑의 사역에서 성공을 거두지 못할 때마다 악한 영은 언제나 어두운 생각을 불어넣으려 합니다. 주님은 어째서 그분의 종들이 패배를 겪도록 허락하실까요? 물론 가장 큰 목적은 하나님께서 믿는 자에게 승리를 주시기 위한 것입니다. 그러므로 우리가 믿지 않으면 승리도 하지 못할 것입니다. 제자들이 그랬던 것처럼 우리도 영적이지 않은 생각의 틀에 사로잡혀 하나님의 은혜에서 벗어나게 된다면 우리가 과거 이뤘던 성과는 빛을 잃고 현재의 실패에만 얽매이게 됩니다. 그러면 우리는 하나님의 영이 함께할 때는 무적이었지만 하나님의 영이 떠나자 블레셋 사람들에게 사로잡혔던 삼손처럼 될 것입니다.

우리가 주님의 일을 성공적으로 수행하려면 반드시 그분을 믿어야 합니다. 우리 자신과 우리가 맡은 임무와 우리의 자격과 이전에 이루었던 성공을 넘어서 주님을 바라보아야 합니다. 과거뿐 아니라 현재에도 성령님의 기름 부으심을 바라야 하며 날마다 살아계신 하나님께 의존해야 합니다.

우리가 성공했다면 과연 무엇 때문에 성공한 것일까요? 그 이유를 바로 알아야 우리는 올바른 공로자의 머리 위에 면류관을 씌울 수 있습니다. 또, 성공하지 못했다면 그 이유를 알아야 성공을 가로막는 장애물을 제거할 수 있을 것입니다. 만일 자신이 주님께서 쓰시기에 준비되지 않은 그릇이라면 어째서 아직 준비가 되지 않은 것인지 이유를 알아야 합니다. 그래야만 주님께서 위대한 일에 사용하실 그릇으로서 준비될 수 있을 것입니다. 우리가 준비되기만 한다면 주님은 반드시 우리를 사용하실 것입니다. 주님께서 우리를 사용하시지 않는다면 그것은 분명 우리에게 합당하지 않은 부분이 있기 때문입니다. 여러분이 하나님을 위해 거룩하게 쓰임 받는 것을 가로막는 장애물이 무엇인지 곰곰이 생각해 보십시오.

그렇게 하는 것은 여러분을 겸손하게 할 것입니다. 그리고 눈물을 흘리며 은혜의 보좌로 나아가게 할 것입니다. 여러분은 아직 자기 마음속에 무엇이 들어있는지 잘 모를 것입니다. 거기에는 여러분에게 사소한 것처럼 보이지만 하나님을 근심하게 하고 여러분의 영성을 약화시키는 것이 들어있을지도 모릅니다. 여러분이 사소하게 생각하는 그것이 하나님께서 싫어하시는 불순종의 근원이 되어 여러분이 그것을 완전히 제거하기 전까지 하나님의 축복을 받지 못할 수도 있습니다.

그러므로 아무리 괴롭고 힘들더라도 제자들이 〈어째서 저희는 그 악령을 쫓아내지 못했습니까?〉(마 17:19)라고 질문한 것처럼 우리도 원인을 찾으려 하는 것이 현명한 일입니다. 저는 계기가 무엇이든 우리로 하여금 주님께로 다시 돌아오게 만드는 것이라면 전부 우리에게 축복이라고 생각합니다. 오랫동안 복음을 전하고 수차례 선교지를 방문했는데도 회심자는 단 한 명도 나오지 않으며, 집마다 방문 전도를 했는데도 사람들은 무관심하고, 불우한 가정을 찾아가 십자가를 전했는데도 듣는 사람이 어둡고 침울한 상태에서 벗어나지 못할 때 우리는 낙심하게 됩니다.

신실하게 주님을 위해 일했지만 그것에 비해 충분한 열매를 맺지 못할 때 우리는 마음이 무너집니다. 하지만 우리의 실패 속에는 하나님의 가르침이 가득 담겨 있으며, 그것은 훗날 주 예수 그리스도의 영광을 위해 큰 성공을 거두기 위한 밑거름이 될 것입니다. 이것이 열두 제자가 받은 훈련의 일부입니다. 그들은 학생이었으며 그리스도는 그들의 교사였습니다. 그들은 주님께서 행하신 것보다 더 놀라운 일들을 할 그날을 위해 준비 과정을 거치고 있었습니다. 주님은 곧 아버지 곁으로 돌아가서 더욱 큰 능력을 받아 그들에게 줄 계획이었기 때문입니다.

젊었을 때 멍에를 메는 것이 사람에게 유익하다. (애 3:27)

여러분이 실패하게 된 이유가 무엇이든, 여러분은 그것을 바로잡을 수 있습니다. 어떠한 일도 주님께는 큰 문제가 되지 않습니다. 여러분의 능력을 빼앗는 장애물은 하나님의 은혜로 모두 제거될 수 있습니다. 그러니 여러분의 앞길을 막고 있는 장애물이 무엇인지 찾아내십시오. 여러분에게서 성령님의 임재를 방해하는 모든 원인을 두 눈 부릅뜨고 찾아내십시오.

〈어째서 저희는 그 악령을 쫓아내지 못했습니까?〉(마 17:19) 주일학교 교사들은 자기가 맡은 반에서, 그리스도인 노동자들은 동료들과 함께 이 질문에 대한 해답을 나누어 보십시오. 한때 신앙을 고백했지만 다시 죄에 빠져든 사람, 실족해 마음이 차가워진 사람, 수년 동안 설교를 들었지만 아무 변화도 없는 사람과 함께 나누어 보십시오. 그에게 들어간 악령은 무엇인가요? 왜 우리는 그 악령을 쫓아내지 못할까요?

주 예수님은 제자들에게 그들의 실패는 믿음이 부족한 탓이라고 말씀하셨습니다. 주님은 〈그가 마귀에게 강하게 사로잡혔기 때문이다〉라고 하시지 않고 〈너희의 믿음이 부족했기 때문이다〉라고 하셨습니다. (마 17:20)

제자들은 〈이 마귀는 매우 오랜 세월 동안 그를 사로잡고 있었습니다〉라고 변명할 수도 있었을 것입니다. 그리고 그것은 사실입니다. 그의 아버지는 그가 어린아이였을 때부터 고통에 시달렸다고 말했습니다. 20년 이상 들려 있는 악령을 내쫓는 것은 결코 쉬운 일이 아닙니다. 오랜 세월 묵은 죄와 악을 제거하는 것은 매우 어려운 일입니다. 하지만 믿음만 있다면 아무리 오랫동안 죄인을 사로잡고 있던 죄라도 충분히 이겨낼 수 있습니다.

게다가 이 악령은 오랫동안 그를 사로잡고 있었을 뿐 아니라 매우 강력하기도 했습니다. 악령은 그를 불과 물에 집어 던지며 잔혹하게 괴롭혔습니다. 심지어 제자들 앞에서도 그런 행위를 일삼았습니다. 그렇더라도 제자들이 더 큰 믿음만 있었다면 사탄이 아무리 강력해도 그리스도는 그보다 훨씬 더 강력하다는 사실을 깨달았을 것입니다. 마귀는 강력하지만 하나님은 더욱 강력합니다. 제자들이 믿기만 했다면 그들은 그리스도의 능력으로 충분히 마귀를 이겼을 것입니다.

믿음이 부족할 때 우리와 그리스도의 연결은 끊어집니다. 우리는 마치 그리스도와 연결된 전화선과 같습니다. 전화선은 연결

되어 있을 때는 메시지를 전달할 수 있지만 끊어지면 전혀 쓸모가 없게 됩니다. 믿음은 우리를 그리스도와 연결하는 선입니다. 그리스도와 연결이 끊어지면 우리가 무엇을 할 수 있겠습니까? 하나님은 믿음으로 인해 우리 안에서 일하시며 우리를 통해 일하십니다. 그런데 우리 안에 불신이 생긴다면 우리는 하나님과 함께 일하기에 부적합하게 됩니다. 하나님을 믿지도 않으면서 여러분을 축복해 주시길 바랍니까? 믿지 않는 자가 하는 사역을 하나님께서 인정해 주시길 기대합니까? 그럴 수 없습니다. 하나님의 일을 할 때 성공하기 위한 가장 첫 번째 조건은 하나님을 신실하게 믿는 것입니다.

우리가 사는 이 시대를 생각할 때, 또 우리가 맡은 사역을 생각할 때, 우리에게는 더욱 큰 믿음이 필요한 것 같습니다. 불법이 산처럼 거대할지라도 강한 믿음만 있으면 그것은 옮겨질 것입니다. 불법의 뿌리가 아무리 깊게 뻗어 있다고 해도 강한 믿음만 있다면 그것은 뿌리째 뽑힐 것입니다.

> 주께서 말씀하셨다. 〈너희에게 겨자씨 한 알 만한 믿음이 있었다면 너희가 이 뽕나무에게 뽑혀서 바다에 심기라고 했을 때 그것이 너희에게 순종했을 것이다.〉(눅 17:6)

우리는 어중간하게 믿어서는 안 됩니다! 자기 힘으로 계획하고 노력할 수는 있지만 아이가 아버지를 믿듯이 하나님을 단순하게 믿지 않으면 결코 성공을 거둘 수 없습니다. 우리는 우리의 불신 때문에 실패하는 경우가 많습니다.

때로는 여러분이 기도하기 전까지 하나님께서 믿음의 열매를 주지 않으시는 경우도 있습니다. 하지만 여러분의 기도가 절정에 달했을 때 하나님은 여러분에게 믿음의 분량만큼 축복을 내려주실 것입니다.

저는 하나님께서 이렇게 하시는 이유를 이해할 수 있습니다. 우선 하나님은 우리로 하여금 그분의 은혜가 얼마나 큰지 깨닫게 하길 원하십니다. 그래서 하나님은 우리 마음이 하루빨리 벗어나고 싶은 괴로움으로 가득하도록 허락하십니다. 하나님은 우리가 오직 주님의 권능에 의해서가 아니라면 도저히 그 괴로움에서 벗어날 방법이 없다는 사실을 깨닫기 원하십니다. 이 괴로운 경험은 우리에게 유익이 됩니다. 그런 경험은 우리로 하여금 하나님의 은혜를 더욱 소중하게 여기도록 합니다.

주님은 또한 우리로 하여금 거룩함을 더욱 갈망하게 하십니다. 이것 역시 우리에게 유익이 됩니다. 거룩한 소망으로 불타오르는 것은 그 자체로 건강한 행동입니다. 그다음으로 주님은 우리로 하여금 서로 연합하게 하십니다. 우리는 혼자서 살아갈 수 없습니다. 그러므로 함께 기도하며 협력할 형제들이 필요합니다. 홀로 기도할 때는 벗어나기 힘든 절망적인 상황에 처했을 때 우리는 함께 모여 하나님께 부르짖게 됩니다. 그러므로 여러분도 항상 형제자매와 함께 연합하여 기도하기 바랍니다.

지붕을 뚫고 그리스도께로 중풍 병자를 내려보낸 네 명의 친구를 기억하십니까?(막 2:1~12) 여러분도 함께 기도하기 위해 자주 모이십시오! 여러분도 네 명의 친구처럼 소규모 그룹을 지어 마귀에게 시달리는 누군가를 위해 간절히 함께 기도하십시오. 함께 모여 〈우리는 이 사람과 저 사람이 마귀에게서 벗어나 맨 정신으로 옷을 입고 예수 그리스도의 발 앞에 앉을 때까지 쉬지 않을 것이다〉라고 다짐하십시오.

예수님은 〈이런 종류의 것은 기도와 금식 외에는 어떤 것으로도 쫓아낼 수 없다〉(막 9:29)라고 말씀하셨습니다. 이런 종류의 마귀는 오직 특별하고 지속적이고 합심하는 기도로만 쫓아낼 수 있습니다. 여러분이 믿고 기도하기만 한다면 그것들은 쫓겨날 것입니다. 쫓아낼 수 없는 마귀나 악한 것은 존재하지 않습니다. 여러분의 믿음과 기도가 충분하기만 하면 그것들은 반드시 쫓겨날 것입니다.

예수님은 〈기도와 금식〉을 통해 쫓아낼 수 있다고 하셨습니다. 우리 주 예수 그리스도께서는 금식을 그렇게 자주 하는 편이 아니셨습니다. 주님은 금식을 거의 언급하지 않으셨으며, 오히려 바리새인들이 금식을 강조할 때 신랑이 함께 있는 동안에는 기뻐해야 한다며 제자들에게 지금은 금식할 때가 아니라고 하셨습니다. 하지만 여전히 성경은 금식에 관해 말하고 있습니다. 성경은 특별한 경우에 금식할 것을 권했으며, 안나와 같은 경건한 자들은 밤낮으로 금식하고 기도하며 하나님을 섬겼습니다. (눅 2:37)

이것을 영적인 의미로만 해석해서는 안 됩니다. 저는 여러분이 주기적으로 하루 동안 금식하며 기도할 때 실제로 큰 유익을 얻는다고 믿습니다. 특히 저처럼 살이 찐 사람은 금식할 때 몸이 가벼워지는 느낌을 받습니다. 제가 본 어떤 성화에는 공중을 부양하는 한 성도의 모습이 그려져 있었는데 저는 금식하며 기도할 때 마치 그와 같은 영적인 고양감을 느꼈습니다. 물론 실제로 몸이 떠오르는 것은 아니며 그 그림을 그린 사람도 실제 공중 부양을 염두에 두고 그린 것은 아닐 것입니다. 다만 금식하고 기도하면서 몇 시간 동안 하나님을 기다릴 때 여러분도 분명 육신을 뛰어넘은 영적인 고양감을 맛볼 것입니다.

저는 성도들에게 금식을 해보라고 권유할 수 있습니다. 금식은 결코 우리 몸에 해롭지 않으며 오히려 건강에 도움이 됩니다. 우리가 평소에 먹는 양에서 절반을 줄이기만 해도 훨씬 건강한 삶을 살 것입니다. 또, 주기적으로 일정 시간 음식 섭취를 줄인다면 그동안 우리의 두뇌와 심장이 휴식을 취하게 되어 더욱 구세주께 집중할 수 있게 됩니다. 이처럼 기도와 금식에는 놀라운 힘이 담겨 있습니다.

한 가지만 더 말씀드리겠습니다. 저는 알코올 중독자에게서 술 취함의 마귀를 쫓아내기 위해서는 그를 위해 기도하고 설득하는 성도들이 먼저 금식하고 절제하는 모범을 보여야 한다고 생각합니다. 그들을 위해 기도하고 돕는 일이 잘못된 것은 아니지만 그들의 영혼을 구하기 위해서는 여러분이 이렇게 고백할 수 있어야 합니다.

> 당신이 술집의 유혹에서 벗어나게 하기 위해 우리는 금식하며 절제할 것입니다. 저는 술을 마신 적도 없고 앞으로도 마시지 않

을 것이지만 당신을 위해 함께 금주하겠다고 서약하겠습니다.

세상에는 우리가 이 정도로 하지 않으면 쫓아내기 힘든 마귀와 죄가 많이 있습니다. 그리고 우리는 한 영혼을 구하기 위해서라면 무엇이든 할 수 있어야 합니다. 한 사람을 그리스도의 십자가로 데려올 수만 있다면 우리는 자신과 관련된 어느 것이든 부인해야 합니다. 이 세상에는 기도와 금식이 없이는 쫓아낼 수 없는 마귀가 너무도 많기 때문에 우리는 이 점을 분명히 하지 않으면 안 됩니다. 이제 이렇게 고백하십시오.

> 나는 마귀나 다른 사람을 기쁘게 하기 위해 금식하지 않을 것이다. 나는 오직 그 사람에게서 마귀를 내쫓기 위해 금식할 것이다. 그를 예수님 발 앞으로 데려와 구원시키기 위해서라면 무엇이든 절제할 것이다.

주님을 사랑하는 사람이라면 누구라도 사탄에게 속박된 한 영혼을 구원하여 그로 하여금 하나님의 자녀가 누리는 영광스러운 자유를 얻게 하기 위해 자신을 아끼지 않을 것입니다.

주님이 주신 달란트 활용하기

주인이 그를 불러 말하기를 〈내가 너에 관해 들은 이 말이 어찌 된 일이냐? 네 청지기 업무를 정산하라〉라고 했다. (눅 16:2)

여러분이 받은 달란트를 얼마나 잘 활용하고 있는지 정산해 보십시오. 우리는 모두 태어날 때부터 받은 재능과 소질이 각기 다릅니다. 어떤 사람은 유창한 말주변을, 어떤 사람은 글솜씨를, 어떤 사람은 아름다움을 분별하는 미적 감각을 타고났습니다. 하지만 타고난 달란트가 무엇이든 모두 하나님께 속한 것이며, 따라서 하나님을 섬기기 위해 사용되어야 합니다.

어떤 사람은 겨우 단순 노동으로 하루 벌어 하루 먹고 살 만큼의 재능밖에 없는 경우도 있습니다. 비록 뛰어난 재능을 타고 나지는 못했더라도 그들 역시 하나님께서 주신 달란트를 얼마나 잘 활용했는지 정산해야 합니다. 아무런 달란트도 가지지 않은 사람은 한 명도 없습니다. 누구든 타고난 재능이나 교육을 통해 얻은 특기를 하나쯤은 가지고 있습니다. 우리는 모두 어느 정도 재능을 소유하고 있으며 그것을 하나님을 위해 어떻게 사용했는지 정산해야만 합니다.

열 달란트를 받았지만 그것을 모두 헛되이 써버린 사람들이 정산을 하면 어떤 결과가 나오겠습니까! 나폴레옹과 같은 사람들의 정산 결과는 어떠할까요? 무신론 사상가 볼테르와 같이 놀라운 지적 재능을 받았지만 그것을 모두 사탄에게 헌납하고 인류를 파멸로 인도한 사람의 정산 결과는 어떠할까요? 그런데 이런 세상의 위인은 둘째 치고 여러분 자신은 어떻습니까? 여러분은 어떤 특별한 재능을 가지고 있습니까? 여러분에게 말주변이 있습니까? 그러면 그 재능을 사람들이 아니라 그리스도를 위해 사용한 적이 있습니까? 글솜씨가 있습니까? 그러면 사람들을 구세주께 인도하기 위해 그 재능을 사용한 적이 있습니까?

혹시 여러분은 열 달란트를 받았는데 그것을 전부 꽁꽁 싸매어 땅에 묻어두지는 않았습니까? 아니면 모두 자신을 위해서 사용하지는 않았습니까? 하나님과 거룩함과 진리와 의를 위해 사용한 적이 없습니까? 그렇다면 〈네 청지기 업무를 정산하라〉라는 명령이 얼마나 두렵겠습니까? 우리 중에는 두려움과 떨림으로 자신의 달란트를 정산하는 사람이 아무도 없기를 바랍니다.

여러분이 받은 물질을 정산하십시오. 우리는 모두 각자 받은 세속적인 물질이 다릅니다. 극소수의 사람만이 하나님께 엄청난 부를 위임받았으며, 일부에게는 상당한 부가 맡겨졌습니다. 하지만 대다수 사람은 겨우 먹고 살 만큼의 재산만 주어졌습니다. 우리에게 맡겨진 재산이 많든 적든 우리는 언젠가 그것을 모두 정산해야만 합니다. 부유한 그리스도인들은 정산하는 날에 과연 무슨 말을 할까요? 그들 중에는 자기 재산을 하나님의 뜻을 위해 사용하는 것은 고사하고 십일조도 제대로 바치지 않으며 기껏해야 남에게 보이기 위해 아주 조금만 자선 사업에 기부하는 사람이 많을 것입니다.

교회에 다니는 하나님의 청지기들이 모두 신실하게 주어진 의무를 다한다면 교회 재정이 부족할 일은 결코 없을 것입니다.

이 나라에는 한 달 수입으로 한 가족 전체를 평생 부양할 만큼의 돈을 버는 유능한 사람이 많습니다. 그들은 수백만 달러를 정산할 때 무슨 생각을 할까요? 아마도 〈스포츠와 여가에 돈을 너무 많이 썼군. 데이트 비용이 너무 많이 들었어. 다이아몬드를 사고 이런저런 사치를 하느라 돈을 너무 허비했어〉 정도 생각할 것입니다. 하지만 거리에서 굶고 있는 가난한 사람들을 위해서는 아무 일도 하지 않습니다.

물론 예외적으로 자선 활동에 힘쓰는 사람도 있겠지만 그 수는 매우 적으며, 미국과 영국을 비롯한 전 세계의 부자들은 대부분 하나님의 심판대 앞에서 자신의 청지기 업무를 정산할 때 매우 큰 곤혹을 느낄 것입니다.

그런데 저와 여러분도 하나님께서 맡기신 것을 신실하게 사용하지 않았다면 과연 그들을 판단할 자격이 있겠습니까? 지금이라도 하나님께서 여러분께 맡기신 금과 은과 동을 잘 관리하고 있는지 평가해보십시오.

재산뿐 아니라 우리는 우리에게 있는 영향력 또한 정산해야만 합니다. 모든 사람은 각자 나름대로의 영향력을 지니고 있습니다. 아이에게 신실하게 젖을 먹인 어머니는 비록 이웃에게는 별다른 영향력이 없을지라도 자녀에게는 막대한 영향력을 미칩니다. 그녀가 키운 아이가 횟필드처럼 우레와 같이 온 땅에 복음을 선포하게 될지, 혹은 반대로 많은 사람을 파멸의 길로 인도하는 악인이 될지 누가 알겠습니까? 어머니에게는 장차 하나님 앞에서 정산해야 할 영향력이 있습니다.

아버지도 마찬가지로 영향력을 지니고 있습니다! 그저 아이들을 학교나 주일학교에 보낸 것으로 의무를 다한 것이 아닙니다. 그들은 여러분의 자녀이며 여러분도 그들의 양육에 대해 장차 하나님 앞에서 정산을 해야 합니다. 대중을 웅변으로 열광시키는 정치가뿐 아니라 벤치에 앉아서 한마디 말을 내뱉는 사람도 각자 자신의 말에 대하여 장차 하나님 앞에서 정산을 해야 합니다.

수백만 달러를 동원해 전쟁을 예방한 사람만 위대한 것이 아니라 잠깐의 미소와 한마디 말로 죄를 예방한 사람도 위대합니다. 여러분 중에 영향력이 없는 사람은 없습니다. 그러면 여러분은 그 영향력을 어떻게 사용하고 있습니까? 주님을 위해 사용하고 있습니까? 여러분의 청지기 업무를 정산해보십시오. 여러분에게 있는 영향력은 영원히 지속하는 것이 아닙니다.

하나님께서 우리에게 맡기신 것 중에 우리가 가장 소홀히 여기는 것은 바로 시간입니다. 그러므로 지금부터 제가 하는 이야기는 다른 사람이 아니라 바로 여러분이 장차 하나님 앞에서 정산해야 할 자원에 관한 것입니다. 여러분이 지금까지 살면서 자신을 평가해왔다면 얼마나 좋았겠습니까? 다른 사람의 성품에 대해서는 얼마나 열성적으로 평가합니까! 타인의 잘못을 찾아내는 일은 얼마나 쉽게 합니까! 불우이웃 성금을 내는 사람을 향해서는 〈저 사람은 그저 자신을 드러내기 위해 돈을 기부하는 것일 뿐이다〉라고 말합니다. 또는 〈저 여자는 그리스도인처럼 하고 다니지만 사생활은 매우 문란하다〉라고 하거나 복음을 전하는 목회자에게 〈저 목사는 매우 열정적이긴 하지만 편안한 삶을 누리며 목회를 통해 많은 혜택을 얻고 있다〉라고 비방합니다.

이처럼 우리는 남을 평가하기를 좋아하며 그 평가는 적어도 우리는 놀라울 정도로 정확하다고 생각합니다. 하지만 다른 사람이 같은 기준으로 우리를 평가할 때는 그의 판단을 매우 부조리하게 여기며 쉽게 받아들이지 않습니다. 아, 하지만 마지막 심판 날에 우리에게는 다른 사람을 평가할 기회가 주어지지 않을 것입니다. 그러니 이제부터 다른 사람의 행실에 관해서는 관심을 끊으시기 바랍니다.

다른 사람이 여러분보다 못하다고 해서 여러분에게 무슨 유익이 있습니까? 그것이 여러분의 죗값을 조금이라도 줄여줍니까? 다른 사람이 모두 겉과 속이 다르다고 한들 무슨 상관이 있습니까? 아마 여러분도 그들과 다르지 않을 것입니다. 그들의 위선을 밝혀낸다고 해서 여러분의 위선이 사라지지는 않습니다. 여러분 자신을 판단하십시오. 그래서 남들이 여러분을 판단하지 않게 하십시오. (마 7:1) 자신의 상처를 싸매고 자신의 영혼을 돌보십시오. 우리는 각자 하나님 앞에서 자신의 일에 대해 정산해야만 합니다.

또한, 여러분이 정산한 내용을 보고해야 하는 대상은 하나님이지 다른 사람이 아니란 사실을 기억하십시오. 오직 남들에게 존경을 받기 위해서만 사는 사람이 많습니다. 우리가 존경하는 사람이 우리에게 미소 지어주면 모든 것이 잘 될 것만 같습니다. 반대로 그 미소가 사라지면 마음에 상처를 입고 부당한 취급을 받았다고 생각합니다. 하지만 사람들에게 판단 받는 것은 그리 대수로운 일이 아닙니다. 성경은 〈너는 누구이길래 남의 종을 판단하느냐? 그가 서거나 넘어지는 것이 그의 주인에게 달려 있다〉(롬 14:4)라고 말합니다. 그러니 사람들의 판단에 신경 쓰지 마십시오. 하나님 앞에서 정산하는 것은 각자 개인적으로 하게 될 것입니다. 따라서 다른 사람이 여러분에 대해 어떻게 생각하든 아무런 상관이 없습니다.

피타고라스는 제자들에게 매일 저녁 하루 동안 자신이 한 일을 모두 기록하게 했습니다. 저는 이 방법이 매우 좋다고 생각합니다. 우리는 하루 동안 무슨 말과 행동을 했는지 잘 기억하지 못하기 때문입니다. 여러분도 잠시 앉아서 생각해 보십시오. 앉아서 연간 계획표를 살펴보십시오. 가슴에 손을 얹고 한 해 동안 무엇을 했나 되새겨 보십시오.

파산하여 빚만 잔뜩 있는 사람일수록 자신의 은행 계좌를 들여다보기 꺼립니다. 법정에 출두하기 전에 계좌의 내역을 제대로 기록하지 않는 사람일수록 감추고 싶은 것이 많은 법입니다. 과거에 지은 죄를 떠올리지 않고 모두 잊어버리려 노력하는 사람은 자신을 속이는 것입니다. 자신의 마음을 살피지 않는 사람은 무언가 켕기는 것이 있기 때문입니다. 그런 사람일수록 남을 살피기 전에 자신을 살피는 일에 열심을 내야 할 것입니다.

어떤 사람들은 오랜 세월을 살았으면서도 전혀 하나님의 청지기로서 일한 적이 없기도 합니다. 어떤 설교자는 은퇴하여 목소리도 작아지고 정신력도 쇠하여 더이상 청지기 일을 하지 못하기도 합니다. 어떤 사람은 감사하게도 주님을 섬기고 죄인을 구세주께 인도하는 기회를 더욱 많이 얻기도 합니다. 일할 수 있을 때 하나님을 위해 열심히 일하십시오!

임종하는 순간에 할 수 있는 가장 큰 후회 중 하나는 다음과 같을 것입니다.

> 그 설교를 더 많이 전했어야 했어. 더욱 전력을 다해 철저히 복음을 전했어야 했어. 죄인을 구하기 위해 더 열심을 내야 했어. 그들의 영혼을 구원하기 위해 힘써 싸웠어야만 했어.

어쩌면 저와 여러분이 일할 수 있는 기간이 2~30년 정도밖에 남지 않았을 수도 있습니다. 그러니 일할 수 없는 밤이 오기 전에 열심히 일합시다.

> 내가 낮 시간에 나를 보내신 분의 일을 해야 한다. 곧 아무도 일할 수 없는 밤이 온다. (요 9:4)

구조선의 노를 부여잡고 폭풍우가 몰아치는 바다로 나가 좌초된 배에서 빠져 죽는 사람들을 구합시다. 곧 우리의 강한 팔에 힘이 빠져 더이상 일할 수 없는 시기가 올 것입니다.

또, 부유한 그리스도인도 언젠가 정산할 날이 오며 더이상 청지기로서 역할을 하지 못할 시기가 올 것입니다. 불경기가 찾아오고 주식 시장이 붕괴하면 그들의 재산은 순식간에 사라질 것이며, 그들은 더이상 청지기로서 일하지 못하게 될 것입니다. 그러면 정산하는 날에 많은 재산을 갖고 있던 때 청지기로서 선한 일을 하지 않았던 것을 크게 후회할 것이 분명합니다.

하나님께서 여러분에게 많은 재산을 주셨습니까? 그렇다면 그것을 얼마나 빨리 회수해 가실지 생각해 본 적이 있습니까? 부는 영원히 머무르지 않습니다. 우리의 재산은 날개가 달린 것처럼 멀리 날아가버릴 것입니다. 재산이 달아나지 않도록 굳게 붙잡는 가장 좋은 방법은 그것을 하나님의 뜻을 이루기 위해 사용하는 것입니다. 여러분이 부자였다가 가난해져 사회적 지위가 낮아진다 하더라도 그것이 하나님의 섭리에 의한 것이라고 받아들이면 견딜 수 있을 것입니다. 하지만 재산이 많이 있을 때 해야 할 일을 다 하지 못했다면 분명 화살이 심장을 관통한 것처럼 괴로울 것입니다.

어떤 사람은 가진 것을 감추어 놓고 하나님의 뜻을 이루기 위해 사용하지 않기 때문에 하나님께서 그에게 부를 허락하지 않아 가난해진 사람도 있을 것입니다. 여러분이 재산을 감추면 감출수록 주님은 더이상 여러분을 신뢰하지 않으실 것입니다. 주님은 여러분을 그분의 청지기로서 적합하지 않다고 여기실 것입니다. 반면, 어떤 사람들은 하나님의 나라를 위해 자기가 가진 것을 지혜롭게 사용하기도 합니다. 그런 사람들에게는 하나님께서 더 많은 것을 맡기실 것입니다.

하지만 결국에는 모든 사람이 부자이든 사역자이든 상관없이 죽기 전에 자신이 맡은 청지기직을 내려놓아야 할 때를 맞이할 것입니다. 그때 하나님은 여러분에게 〈너는 더이상 청지기 일을 하지 못한다〉(눅 16:2)라고 말씀하실 것입니다. 아이들이 모두 성장해 어머니 곁을 떠나갔을 때 그녀는 더이상 청지기 일을 하지 못합니다. 학생이 모두 졸업하고 정년퇴직할 날이 오면 교사는 더이상 청지기 일을 하지 못합니다. 직장에서 동료들에게 복음을 전하던 사람이 어느 날 말이 통하지 않는 먼 나라로 전근을 간다면 그는 더이상 청지기 일을 수행하지 못 할 것입니다.

그러니 하나님을 위해 일할 수 있을 때 모든 기회를 동원해서 일하십시오! 여러분이 더이상 청지기 일을 하지 못하는 날이 오기 전에 골든 타임을 놓치지 말고 하나님을 위해 일하십시오.

우리는 머지않아 더이상 청지기 일을 하지 못하는 날을 맞이하게 됩니다. 우리가 죽음을 맞이하는 날은 반드시 찾아올 것입니다. 하나님을 신실하게 섬겼던 형제들도 우리와 영원히 함께 있지는 못했다는 사실을 기억하십시오. 우리가 사랑하고 존경하던 사람들이 차례대로 청지기 일을 정산하고 안식에 들어갔습니다. 목사도 집사도 장로도 모두 차례대로 청지기 일을 정산할 것입니다. 그날에 대한 생각을 애써 지우려 하지 마십시오. 여러분은 죽음을 피할 수 없습니다. 그날은 갑작스럽게 찾아올지도 모릅니다. 아직 힘이 왕성하고 머리가 백발이 되지 않았을지라도 우리가 정산해야 할 날이 불쑥 찾아올 수 있습니다.

여러분은 어떻게 생각하십니까? 여러분은 임종을 맞이할 때 두려움 없이 영원한 세계를 바라볼 수 있습니까? 최후의 심판대를 마주 보며 〈나는 내가 믿는 분을 알고, 그분께서 내게 맡기신 것을 그 날까지 능히 지켜주실 것을 확신한다〉(딤후 1:12)라고 말할 수 있습니까? 〈내가 선한 싸움을 싸우고, 달려갈 길을 마치고, 믿음을 지켰다〉(딤후 4:7)라고 말할 수 있습니까? 그럴 수 있다면 하나님께 찬송을 올려드리십시오! 우리가 하나님을 섬기는 일을 마쳤을 때 주님으로부터 〈잘했다, 착하고 충성된 종아, 네 주인의 기쁨에 참여하라〉(마 25:23)라는 말을 들을 수 있다면 얼마나 은혜로운 일이겠습니까!

주님이 주시는 추수의 기쁨

주께서 그 민족을 번창케 하시고, 그들의 기쁨을 크게 하셨다.

(사 9:3)

다른 사람이 교회에 등록하는 것은 우리에게도 큰 기쁨이 됩니다. 저는 제가 교회에 처음 등록했던 날을 기억합니다. 저는 교회의 목사님을 만나기 위해 4~5일을 연달아 방문했습니다. 목사님은 너무 바빠서 저를 만나줄 시간이 없었습니다. 결국 저는 목사님이 만나주지 않더라도 혼자서 교회 모임에 나가 교인으로 등록하기로 결심했습니다. 그러자 갑자기 목사님이 시간이 나서 저를 만나주었고 저는 교회에 등록하고 그리스도에 대한 믿음을 고백할 수 있었습니다. 제가 그리스도에 대한 믿음을 고백하고 그분의 백성들 가운데 참여하게 된 일은 제 인생에서 가장 잘한 일이었습니다! 아마 다른 분들도 마찬가지라 생각합니다. 그들도 자기가 하나님의 백성 가운데 참여하여 예수 그리스도에 대한 믿음을 공개적으로 고백한 날을 기억할 것입니다.

회심은 분명 주님께서 행하신 일입니다. 하나님의 교회가 번창하는 유일한 방법은 하나님께서 부흥을 일으키시는 것입니다. 세속적인 방법으로 거듭나지도 않은 사람들을 불러모아 교회를 채우거나 그리스도인의 삶을 세상 사람들의 기준에 맞추어 교회를 성장시키는 것은 아무런 의미도 없는 일입니다. 그것은 성장한 것이 아니라 오히려 퇴보한 것입니다. 진리를 설명하고 가르치는 일 대신 감정적이고 흥미를 불러일으키는 방식으로 교회를 성장시키거나, 예수 그리스도 안에서 사람들을 새로운 피조물로 만드시는 성령님의 권능에 의하지 않고 다른 방식을 통해서 교회를 성장시키는 것은 아무런 가치도 없습니다.

어느 날 밤 한 사람이 술에 취한 채로 롤런드 힐Rowland Hil 목사를 찾아와 〈목사님을 만나 뵈어 영광입니다. 저는 목사님을 통해 회심한 사람 중 한 명입니다〉라고 말했습니다.

그는 〈당신 말이 맞는 것 같습니다. 당신이 저를 통해 회심하지 않고 하나님에 의해 회심했다면 지금처럼 술에 취하지 않았을 것입니다〉라고 대답했습니다.

이 대답에는 큰 교훈이 담겨 있습니다. 우리를 통해 회심하는 것은 아무 소용이 없습니다. 롤런드 힐 목사를 통해 회심한 사람은 술에 취할 수 있습니다. 하지만 성령님에 의해 회심한 사람은 초자연적인 방식으로 완전히 새롭게 되어 진실로 하나님의 교회에 속한 사람이 됩니다. 주님께서는 그분의 민족을 번창케 하십니다. 주님께서 우리에게 회심자들을 보내주시기를 간절히 기도하십시오. 주님은 결코 잘못된 사람을 보내시지 않습니다. 아무리 가난하고 배우지 못한 사람일지라도 그들이 하나님께서 보내신 회심자라면 그들이 우리가 원하는 바로 그 사람입니다. 하나님, 우리에게 수천 명의 회심자를 보내주소서!

> 어둠 속에 걷던 백성이 큰 빛을 보았다. 사망의 그림자로 덮인 땅에 거하던 그들 위에 빛이 비쳤다. (사 9:2)

하나님께서 교회로 인도하신 사람들은 근본적으로 큰 변화를 겪습니다. 그들은 끔찍한 어둠에서 벗어나 기쁘고 놀라운 빛 가운데로 들어가게 됩니다. 하나님은 오직 이런 사람들만 교회로 보내십니다. 하나님에 의해 변화되지 않고, 예수 그리스도 안에서 새로운 피조물이 되지 않고(고후 5:17), 〈내가 아는 한 가지는 내가 눈먼 자였으나 지금은 본다는 것이다〉(요 9:25)라고 고백할 수 없는 자는 하나님께서 보내신 사람이 아니며 교회가 받아들일 수 없는 자입니다.

하나님 외에 다른 누가 우리를 어둠에서 빛으로 돌이키게 할 수 있겠습니까? 누가 우리 마음에 이런 놀라운 기적을 일으킬 수 있겠습니까? 마음속에 자리 잡은 어둠은 물리치기가 매우 어렵습니다. 하나님 외에 과연 누가 완전한 어둠 가운데 영원한 빛을 창조하며 우리를 사탄의 권세에서 벗어나 하나님께로 돌아오게 할 수 있겠습니까?

회심은 그리스도와 확실한 관계를 구축하는 것입니다.

> 우리를 위해 한 아이가 태어났고 우리에게 한 아들이 주어졌는데, 통치권이 그의 어깨 위에 있을 것이며, 그의 이름은 놀라운 자, 조언자, 전능하신 하나님, 영존하는 아버지, 평강의 왕이라 불릴 것이다. (사 9:6)

우리가 원하는 회심자는 바로 이분, 곧 사람들에게 놀라운 자이며 조언자가 되시는 그리스도를 아는 사람들입니다. 우리는 그분을 전능하신 하나님이자 영존하는 아버지라 부를 수 없는 사람들이 교회에 합류하는 것을 원치 않습니다. 우리는 그리스도를 평강의 왕으로 삼는 사람들이 교회에 합류하기를 원합니다. 그런 자들이 우리에게 더해졌을 때 교회는 급속히 성장합니다. 그렇지 않은 자들이 더해졌을 때는 우리에게 은혜가 되지 않고 오히려 부담만 늘어날 뿐이며 교회는 연약해집니다.

교회가 부흥할 때 누리는 기쁨은 하나님께서 주신 것입니다. 이처럼 하나님께서 보내주신 사람들이야말로 우리가 진정으로 원하는 자들입니다. 자기 교회가 성장해서 다른 주변의 교회들을 압도하기를 바라는 것은 하나님께서 주시는 부흥의 기쁨이 아닙니다. 우리의 사상을 널리 퍼뜨리기 위해 회심자들을 모으는 것도 하나님께서 주시는 부흥의 기쁨이 아닙니다. 다른 사람들에게서 회심자를 **빼앗아** 오는 것도 하나님이 주시는 부흥의 기쁨이 아닙니다. 우리 주변에는 양을 도둑질하는 사람들이 너무도 많은데, 그런 자들은 하나님께서 사랑하지 않으십니다. 우리는 다른 기독교 모임에서 사람들을 **빼내어** 우리 교인의 숫자를 늘리는 것을 원하지 않습니다. 하나님께서 주시는 기쁨은 그리스도께서 영광 받으시며, 영혼이 구원을 얻고, 진리가 널리 퍼지고, 오류가 바로 잡히는 가운데 발생하는 깨끗하고 이 기적이지 않은 기쁨입니다.

농부는 추수할 날을 고대합니다. 그는 〈추수할 날이 아직 한참 남았구나〉라고 말하면서 그날을 상상하며 씨앗을 심습니다. 그날을 기대하며 잡초를 뽑습니다. 그날을 기대하며 곳간과 농기계를 준비합니다. 이처럼 모든 교회도 영적인 추수 날을 고대해야 합니다. 한 목사님이 저에게 〈저는 수년간 말씀을 전했으며 하나님께서 그것을 축복해주셨다고 믿습니다. 하지만 아무도 저를 찾아와 회심하였다고 말해주는 사람이 없습니다〉라고 말했습니다.

저는 그에게 〈다음 주에 교인들에게 「저는 설교를 마친 후 회심한 사람들을 환영하기 위해 목회실에서 기다리고 있겠습니다」라고 말씀하십시오〉라고 대답했습니다.

놀랍게도 예배를 마친 후 열두 명 정도가 그를 만나러 왔습니다. 그는 매우 놀랐으며, 당연하게도 크게 기뻐했습니다. 그는 그동안 추수하는 것을 고대하고 있지 않았기 때문에 열매도 맺지 못했던 것입니다. 제가 처음으로 가르친 학생이 타워 힐에 있는 〈선데이 애프터 선데이〉란 곳에서 설교를 했습니다. 그는 저에게 〈타워 힐에서 수개월 동안 설교를 했지만 아직 한 명도 회심자가 나오지 않았습니다〉라고 말했습니다. 저는 그에게 다소 단호한 어투로 물었습니다.

> 자네가 설교하기 위해 입을 열 때마다 하나님께서 그것을 축복해 주시길 기대했는가?

> 아니요. 저는 하나님께서 그렇게 해주실 것이라고 기대하지 않았습니다.

> 그렇다면 그것이 바로 자네가 축복을 받지 못한 이유일세.

우리는 축복을 기대해야 합니다. 하나님은 〈내 입에서 나가는 내 말이 헛되이 돌아오지 않을 것이다〉(사 55:11)라고 말씀하셨으며, 분명히 그럴 것입니다. 우리는 추수 날을 고대해야 합니다. 전심으로 복음을 전한 사람이라면 회심자가 한 명도 나오지 않는 것을 오히려 이상하게 여겨야 합니다. 그는 그 이유를 발견할 때까지 찾으려고 노력해야 합니다. 추수의 기쁨은 우리가 기대해야 할 권리입니다.

힘겹게 밭을 갈고 씨앗을 심고 곡식이 서리와 병충해로 상하지 않도록 예의주시한 사람은 추수하는 날을 기뻐할 수밖에 없습니다. 여기 있는 많은 사람이 그리스도께 돌아온 회심자들로 인해 함께 추수의 기쁨을 누리며 영혼의 수고를 통해 얻은 열매를 보고 즐거워할 것입니다.

저는 여기 계신 많은 분에게 믿음의 아버지라기보다는 할아버지라 할 수 있습니다. 왜냐하면 수년 전에 하나님께서 제게 보내주신 많은 회심자가 다른 영혼을 구하기 위해 부지런히 노력했기 때문입니다. 우리 교회에 등록한 많은 분이 제 설교 때문이 아니라 여기 계신 형제자매 덕분에 회심하게 되었습니다. 저는 그 사실을 매우 기쁘게 생각합니다. 최근 저에게 〈저는 목사님의 영적인 손자입니다〉라고 말한 친구 두 명과 이야기를 나누었습니다. 그중 한 명은 미국에서 온 친구였습니다. 저는 그에게 어떻게 회심하게 되었는지 물었습니다. 그는 〈목사님이 그리스도께 인도한 성도 한 분이 미국으로 건너와 저를 그리스도께 인도했습니다〉라고 대답했습니다.

발을 딛고 서 있을 단단한 반석이 있다는 것은 기쁜 일입니다. 저는 젊은 남녀와 나이 든 남녀가 그리스도를 주로 고백하고 그분의 백성과 연합하는 것보다 더 기쁜 일은 없다고 생각합니다. 결혼식 역시 기쁜 일이지만 결혼한 부부가 항상 잘산다는 보장은 없습니다. 하지만 그리스도께 무릎 꿇은 영혼은 의심할 여지 없이 축복을 받습니다.

남자와 여자와 아이들이 〈저는 예수님을 믿고 그분의 이름을 고백합니다〉라고 말할 때 천사들은 어느 때보다도 기쁘게 찬송을 부릅니다. 특히 우리가 그리스도를 진실로 믿을 때 그 즉시 구원을 받는다는 사실을 알고 믿는다면 더욱 큰 기쁨을 누릴 것입니다. 어떤 설교자들은 우리가 믿는 그 즉시 구원을 받지는 않는다고 가르치기도 합니다. 그들은 믿는 자가 죽은 이후에 구원을 받을 수 있을지도 모른다고 가르치며, 믿는 순간에 곧바로 구원받는 일은 없다고 말합니다. 저는 그들에게 크루든Cruden이 집필한 〈어린이와 무지한 자를 위한 교리 문답서〉를 선물해 주고 싶습니다. 그들이 어린이가 아니라면 분명 믿음의 가장 기초적인 부분에 대해 무지한 자일 것이기 때문입니다. 여러분은 예수 그리스도를 믿으면 구원을 받습니다. 여러분은 믿는 그 즉시 구원을 받습니다. 그렇지 않다면 도대체 무엇 때문에 여러분으로 인해 추수할 날에 누릴 기쁨을 고대하겠습니까?

이 기쁨에는 추수 날을 고대하는 많은 사람이 참여할 것입니다. 밭의 주인이신 그리스도는 더할 나위 없이 기뻐하실 것입니다! 그리고 밭의 일꾼들은 그들의 수고가 끝난 것을 깨닫고 수확한 밀을 짊어지고 집으로 돌아가며 기쁨의 환호성을 지를 것입니다.

예수님을 위해 일하는 우리도 추수의 기쁨을 누립시다. 밭 옆을 지나가던 구경꾼들도 수확물이 모인 것을 보고 멈춰 서서 울타리 너머로 함께 환호할 것입니다. 설사 구원받지 못한 사람조차 다른 이들이 택함 받아 천국에 이르는 복된 길을 걷는 것을 보고 함께 기뻐할 것입니다. 여러분도 우리와 함께 수확의 기쁨을 나누었으면 합니다. 밭의 이삭 줍는 사람들은 〈온종일 허리가 부러지도록 일했지만 얻은 것은 겨우 한 줌뿐이다〉라고 말합니다. 하지만 여러분이 단 한 명이라도 그리스도께 인도했다면 저는 그것으로 인해 기뻐할 것입니다. 여러분이 어린아이 한 명이라도 구세주께 데리고 왔다면 저는 그것으로 인해 기뻐할 것입니다. 비록 여러분이 이삭 줍는 사람에 불과할지라도 우리와 함께 전심으로 수확의 기쁨에 참여하십시오.

하지만 한 번도 씨앗을 뿌려본 적이 없는 사람은 어찌 될까요? 그들은 전혀 수확을 거두지 못하며 수확의 기쁨에도 참여하지 못할 것입니다. 이곳에 한 번도 씨를 뿌려본 적도, 그리스도를 위해 말해본 적도, 구세주를 소개하기 위해 이웃을 방문한 적도, 아이들을 주님께 데려온 적도, 주일학교 교사로 섬기거나 그리스도를 위한 봉사 활동에 참여해본 적도 없는 사람이 있습니까?

본인이 영적으로 살아있다고 생각하지만 오직 자기만을 위해 사는 게으른 사람이 있습니까? 저는 그런 사람을 전혀 영적으로 살아있다고 생각하지 않습니다! 오직 자기만을 위해 사는 사람은 확실히 영적으로 죽어 있으며, 그리스도께 영혼을 인도하는 기쁨을 결코 알지 못할 것입니다. 그런 사람은 만일 천국에 가더라도 〈아버지, 당신께서 제게 주신 자녀들이 여기 있습니다〉라고 말할 수 없을 것입니다. 이처럼 죄에서 돌아선 회심자들을 열매로 거두어 하나님께 바치지 못한 사람은 영원히 홀로 지내야 할 것입니다. 그러므로 죄악된 게으름에 빠져 있는 형제자매여, 깨어나십시오!

어떤 사람은 〈제가 형제를 지키는 자입니까!〉라고 불만을 터트릴지도 모릅니다. 그런 사람은 가인과 같은 자입니다. 그리스도를 주로 고백했으면서 자기 형제를 지키지 않는 사람은 형제를 살인한 자와 마찬가지입니다. 이 점을 명심하십시오. 활이나 단검으로 사람을 죽이는 것처럼 게으름으로도 똑같이 사람을 죽일 수 있습니다.

열매를 전혀 거두어 본 적이 없는 사람에 대해 어떻게 설명해야 할까요? 그것은 경우에 따라 다릅니다. 아마도 그들 중에는 이제 막 씨를 뿌리기 시작한 사람도 있을 것입니다. 그들은 하나님의 때가 이르기 전까지는 열매를 거두지 못할 것입니다. 지쳐 쓰러지지 않는다면 때가 되었을 때 열매를 거둘 것입니다.(갈 6:9) 수확을 하기 위해서는 정해진 시기가 있습니다. 그런데 오랫동안 씨를 뿌렸지만 한 번도 열매를 거두어 본 적이 없는 사람은 어떻게 된 것일까요? 그런 사람은 뿌리는 씨앗이 제대로 된 것인지 점검해 보아야 합니다. 매년 정원에 씨를 심었지만 싹이 트지 않는다면 씨앗을 구입한 상점을 바꾸어야 합니다. 아마도 그런 사람은 불순물이 섞이지 않은 순수한 복음의 씨앗을 심지 않고 나쁜 씨를 심었을 것입니다. 아니면 복음을 있는 그대로 온전히 전하지 않았을지도 모릅니다. 하나님의 말씀으로 돌아가 여러분의 영혼을 배부르게 할 양식을 얻을 수 있는 씨앗을 구하십시오.

비와 눈은 하늘에서 내려 그곳으로 돌아가는 것이 아니라 땅을 적셔서 싹을 돋게 하고 씨 뿌리는 자에게 씨앗을 주며 먹는 자에게는 양식을 준다. 이처럼 내 입에서 나가는 내 말도 헛되이 내게 돌아오지 않을 것이다. (사 55:10~11)

여러분이 이런 종류의 씨앗을 심는다면 반드시 열매를 거두게 될 것입니다.

함께 일하는 지체

몸은 한 지체가 아니라 여러 지체로 되어 있다. (고전 12:14)

온 힘을 다해 하나님의 귀한 목적을 성취하기 위해 노력하다 보면 우리는 〈끌려다니는 어리석은 소〉처럼 살던 삶을 그만두고 골짜기의 안개 속에서 빠져나와 하나님과 교제할 수 있는 높은 언덕에 오르게 됩니다. 저는 청년들이 고귀한 목적을 가슴에 품고 그리스도인의 삶을 살았으면 합니다. 그래서 시련이 닥칠 때마다 〈괜찮아. 나는 주님께서 내게 주신 소명을 따라 온 힘을 다할 뿐이야〉라고 말할 수 있게 되기를 바랍니다. 이런 조언은 전혀 영적인 것처럼 보이지 않지만 실제로는 우리 영혼에 큰 도움이 됩니다. 하나님은 우리가 인생을 잘 살아가도록 은혜를 주신 것처럼, 역경을 겪을 때도 그것을 극복할 수 있는 은혜를 주실 것입니다.

다윗의 사역은 혼자서 이룬 것이 아니라 많은 사람의 사역이 더해져서 완성된 것입니다. 여러분이 지금 하는 사역의 미래가 보이지 않는다면 이런 사실을 기억하고 기뻐하십시오. 여러분의 사역도 다른 누군가의 사역이 더해져서 완성될 것입니다.

이것이 하나님께서 교회를 섭리하시는 순리입니다. 하나님께서 한 사람에게 전체 사역을 몰아서 주는 경우는 드뭅니다. 그 대신 주님은 그에게 〈너는 가서 내가 정해준 만큼 일해라. 그러면 내가 다른 사람을 보내 나머지 일을 맡기겠다〉라고 하십니다. 이 사실을 믿고 자신감을 가지십시오. 여러분이 하는 사역이 비록 겉으로는 실패한 것처럼 보일지라도 실상은 그렇지 않을 수 있습니다. 하나님께서 여러분 뒤에 보내실 누군가의 사역이 그것에 더해져 결국에는 완성될 것입니다!

집을 지을 때 어떤 사람은 기초 공사만 담당하고 정작 벽과 지붕을 만드는 것은 다른 사람이 하는 경우도 있습니다. 하지만 건물을 세우는 사람 못지않게 기초 공사를 한 사람의 역할 역시 매우 중요합니다.

솔로몬은 자기 아버지 다윗이 남긴 업적을 높게 평가했을 것입니다. 그리고 우리도 우리 이전에 사역했던 사람에게 늘 감사하는 마음을 지녀야 합니다. 여러분이 주일학교 교사로서 훌륭히 사역하고 있다면 여러분 앞서 그 반을 가르쳤던 사람을 기억하십시오. 여러분이 가르치는 반에 회심한 아이들이 있다면 여러분은 그들에게 매우 위대한 사람으로 기억될 것입니다. 혹시 주변에 건강 문제로 주일학교 교사를 그만두게 된 형제가 있습니까? 그렇다면 여러분이 그의 자리를 대신하십시오. 그로 인해 마지막 날에 큰 명예를 얻게 될지 누가 알겠습니까?

누가 상을 받든 그것은 중요하지 않습니다. 우리는 자신의 명예를 위해 사는 것이 아니라 하나님을 섬기기 위해 살기 때문입니다. 자신이 지하실을 파는 것으로 하나님을 가장 잘 섬길 수 있다면 그것을 하고, 창문 다는 것으로 하나님을 가장 잘 섬길 수 있다면 그것을 하십시오. 집이 세워지고 그로 인해 하나님께서 영광을 받으신다면 맡은 일이 무엇이든 무슨 상관이 있겠습니까? 각자에게 다른 역할을 맡기시고 그것이 합쳐져 하나의 사역을 완성하는 것이 하나님께서 하시는 섭리의 방식입니다.

이것은 우리의 자아에 큰 타격을 줍니다. 우리의 자아는 〈나는 스스로 무언가를 시작하고 수행하는 것을 좋아해. 다른 누군가 끼어드는 것은 싫어〉라고 말합니다. 예전에 여러분은 친구가 도움을 주려고 할 때 그를 마치 여러분의 공로를 훔치려는 도둑처럼 여겼습니다. 여러분은 어떠한 도움도 원치 않으며 도전을 즐겼습니다. 마치 네 마리 말이 끄는 마차처럼 당당하지만, 또한 마차 아래 숨은 개처럼 처량했습니다. 여러분에게 필요한 것은 무엇이든 갖고 있으며 누구의 도움도 필요 없었습니다. 여러분은 하나님의 도움이 없이도 모든 것을 혼자서 할 수 있을 것 같았습니다!

여러분의 생각이 여전히 이렇다면 안타깝게도 여러분이 하나님의 사역을 시작하려 할 때 주님은 이렇게 말씀하실 것입니다.

> 너는 결코 너의 사역을 시작하지 못하며 항상 남을 돕는 역할만 할 것이다. 혹은 네가 사역을 시작하더라도 그 열매는 다른 사람이 거두게 될 것이다.

다른 사람의 도움 없이 자기 혼자서 기초부터 쌓아 올리겠다는 야망을 품는 것은 좋지만 그것을 너무 고집하지는 마십시오. 만일 다른 사람이 튼실하게 닦아 놓은 기초를 발견하고 여러분이 그 위에 건물을 세울 기회를 얻는다면 감사한 마음으로 그의 사역을 이어받으십시오. 한 사람이 하던 사역을 다른 사람에게 넘기는 것은 우리의 교만을 깨뜨리기 위한 하나님의 방식입니다.

저는 사역자가 바뀌는 것이 그 사역 자체에 유익이 된다고 생각합니다. 다윗은 성전을 건축할 수 없었기에 오히려 더 오래 살지 않고 그때 죽는 것이 옳았습니다. 그는 성전을 짓기 위한 모든 재료를 모았습니다. 그리고 다윗의 뒤에 나타난 젊고 왕성한 솔로몬이 그의 뒤를 이어 성전을 완성했습니다.

때로는 우리와 같은 노인이 할 수 있는 최선의 일이 젊은 청년들에게 우리의 사역을 물려주고 빨리 천국으로 가는 것일 경우도 있습니다. 존경받는 사역자들이 죽었을 때 사람들은 매우 슬퍼합니다. 하지만 그럴 필요가 있을까요? 결국 하나님은 그들처럼 훌륭한 종들을 찾으실 것입니다. 그 사역자들을 일으키신 분이 바로 하나님이시며, 하나님의 능력은 결코 줄어들지 않습니다. 그러므로 하나님은 다른 사람들도 그 사역자들처럼 위대하게 만드실 수 있습니다.

전에 한 목사님의 장례식에 참석했는데 그곳에서 드려진 기도의 내용에 다소 충격을 받았습니다. 일부 형제들은 하나님께서 돌아가신 목사님과 같은 다른 사역자를 일으키실 수 있다는 내용의 기도를 드렸습니다. 그런데 그중에 어떤 사람은 이 목사님이야말로 맹인과 같던 자신의 눈을 뜨게 해주고 절름발이 같던 자신을 걷게 해준 분이며 자기는 그분 외에 다른 누구도 알지 못하고 하나님께서 그분과 같은 사역자를 다시 일으키실 수 없을 것이라는 내용의 기도를 드렸습니다. 그가 믿는 하나님은 마치 전능하신 분이 아닌 것 같았습니다. 하지만 저와 여러분은 전능하신 하나님을 믿으며, 그분에게는 다윗이 안식에 들어가고 솔로몬이 그 뒤를 잇는 것이 성전 건축의 사역을 완성하는데 더 유익한 것이었습니다.

이 점은 확실히 하나님의 교회가 하나 되는 데 도움을 줍니다. 만일 우리 모두가 자신이 맡은 사역을 혼자 힘으로 완수할 수 있다면 우리는 서로를 잘 몰랐을 것입니다. 하지만 저는 여러분의 도움 없이는 사역을 할 수 없으며, 여러분도 저의 도움이 없이는 여러분의 사역을 할 수 없습니다. 우리는 서로에게 지체이며 상호 간에 도움을 줍니다.

우리에게는 신병이 필요합니다. 우리는 언제나 신병을 찾고 있습니다. 하나님께서 죄와 자아의 편에 속한 자들을 인도하셔서 그들이 〈나도 하나님의 백성 가운데 속하게 해주십시오. 하나님의 은혜로 나는 그리스도의 편에 서서 그분의 성전을 짓는 일에 협력할 것입니다〉라고 고백하도록 해주시길 바랍니다. 형제여, 우리에게 오십시오. 자매여, 우리에게 오십시오. 우리는 여러분의 도움을 기뻐합니다. 사역은 아직 끝나지 않았습니다. 주님의 싸움에 참여해 승리의 면류관을 받을 기회는 아직 남아 있습니다. 주님은 거대한 십자가의 군대를 거느리고 계시며, 여러분도 그것에 더 보태십시오. (대상 22:14) 하나님께서 여러분을 구원하시고, 그리스도께서 여러분을 축복하시고, 성령님께서 여러분에게 영감을 주시기를 기도합니다!

그저 한 명의 종으로서

> 보아라, 내가 어려울 때도 여호와의 전을 위해 금 십만 달란트와 은 백만 달란트와 너무 많아서 무게를 가늠할 수 없을 정도의 놋과 철을 준비하였고 목재와 석재도 준비하였으나, 너는 그것에 더 보태야 할 것이다. (대상 22:14)

성전 건물은 하나님의 교회를 나타내는 놀라운 상징입니다. 여러분이 주님을 위해 일하는 사역자이며 여러분의 마음이 온전히 하나님께 향해 있다면, 비록 지금 당장 여러분의 사역이 즉각적인 열매를 거두지 못할지라도 그것을 포기하지 말고 계속하십시오.

성전을 짓기 위해 많은 사람의 수고가 있었습니다. 다윗은 성전 건축에 필요한 자재를 수집했습니다. 솔로몬은 다윗이 모은 자재를 이용해 성전 건물을 건축했으며, 그것은 후에 그의 이름을 따서 솔로몬 성전이라 불리게 되었습니다. 솔로몬이 성전을 건축할 때 여러 군주가 그것을 도왔고 이스라엘과 유다 전역에 거주하던 이방인들도 함께했습니다. 심지어 두로와 시돈 사람들도 성전 건축을 위해 각자 맡은 역할이 있었습니다.

많은 하나님의 종이 별로 이름이 알려지지는 않지만, 그럼에도 불구하고 그들은 하나님의 나라를 세우는 데 핵심적인 사역을 감당하고 있습니다. 저는 살면서 한 번도 성공을 맛보지 못했지만 열심히 자신에게 주어진 사역을 감당하는 사람들을 많이 알고 있습니다. 비록 그들의 이름이 성전의 벽에 새겨지지는 않아도 그들은 다윗과 마찬가지로 훌륭하게 그들의 사역을 완수한 것입니다.

다윗은 성전 건축에 필요한 자재를 모았습니다. 이처럼 사람들을 많이 모으는 일은 잘했지만 그 이후의 성공은 보지 못하고 죽는 사람도 많습니다. 그들은 열심히 사람을 모아 교회를 세웠지만 정작 회심하는 사람을 많이 보지는 못합니다. 그는 다윗처럼 자재를 모았으며, 그의 뒤에 다른 사람이 와서 다음 사역을 할 것입니다. 그가 밭을 갈고 씨를 뿌렸지만, 씨앗에 물을 주는 일은 그다음 사람의 몫이며, 곡식을 수확하는 일은 또 그다음 사람의 몫일지도 모릅니다. 하지만 여전히 씨앗을 뿌린 사람은 자신의 사역을 충실히 완수한 것이며 후대 사람들에 의해 기념될 자격이 있습니다. 다윗도 자신이 맡은 성전 건축을 위한 자재 모으기를 충실히 완수했습니다.

다윗은 또한 성전 자재를 곧바로 사용할 수 있도록 가공했습니다. 채석장에서 돌을 채취하여 제자리에 꼭 맞게 다듬어서 성전을 지을 때 시끄러운 망치나 도끼 소리를 내지 않고 조용히 건축할 수 있도록 미리 준비해 두었습니다. 이처럼 어떤 신학자나 설교자는 신학생과 청중의 생각과 마음이 잘 정립되도록 돕는 역할을 합니다. 그들은 큰 교회를 세우지는 못할지라도 그 교회에 사용될 돌을 다듬고 있는 것입니다. 그래서 건축하는 사역을 맡은 사람이 도래했을 때 유용하게 사용할 수 있도록 합니다.

다윗은 솔로몬이 성전을 지을 수 있도록 길을 닦았습니다. 성전이 세워질 수 있는 평화의 시대를 맞이하기 위해 다윗은 피를 흘리며 전쟁을 치렀습니다. 비록 그는 피의 사람이라 불리게 되었지만, 이스라엘의 적을 쓰러뜨리는 것은 반드시 필요한 일이었습니다. 이스라엘의 적이 멸망하지 않는 한 평화는 있을 수 없으며, 그렇기에 다윗은 그들과 싸워야만 했습니다. 후대를 위해 앞서 길을 예비하는 사역자는 사람들에게 잘 알려지지 않습니다. 하지만 그의 뒤에 오는 사람은 많은 사역을 하며 사람들에게 널리 알려지고 큰 명예를 얻습니다. 하지만 하나님은 메시지를 전하는 사람, 선교지를 개척하는 사람, 다른 사역자의 길을 닦는 사람, 오류의 영과 맞서 싸워 물리치는 사람, 개혁을 외치는 사람, 복음 전파에 힘쓰는 사람을 모두 기억하십니다.

다윗은 성전이 건축될 부지를 마련했습니다. 그는 성전 부지가 될 만한 곳을 발견하고 매입하여 솔로몬에게 넘겨주었습니다. 하지만 사람들은 주님의 전이 건축된 곳의 부지를 준비한 사람에 관해서는 기억하지 않습니다. 루터의 이름은 많은 사람이 기억하지만 사실 루터 이전에도 개혁가들이 있었습니다. 수많은 형제자매가 그리스도와 복음을 위해 화형을 당하거나 감옥에 갇혀 숨을 거두었습니다. 루터는 그저 하나님의 전을 위한 부지가 깨끗이 정리되었을 때 나타나 종교개혁을 일으킨 것입니다. 하지만 하나님은 종교개혁 이전에 있었던 믿음의 영웅들도 모두 기억하십니다. 이처럼 다른 사람의 사역을 위해 부지를 깨끗이 정리하는 역할이 여러분에게 주어진 사명일지도 모릅니다. 여러분이 정리한 부지에 머릿돌조차 놓이기 전에 여러분은 죽음을 맞이하게 될지도 모릅니다. 하지만 그곳에 하나님의 전이 완성되었을 때 하나님은 여러분이 한 일을 기억하실 것입니다.

하나님께 성전 건축의 계획을 받은 사람은 다윗이었습니다. 주님은 다윗의 마음에 뜻하신 바를 새기셨습니다. 심지어 촛대와 등불의 무게까지도 세세하게 알려주셨습니다. 솔로몬은 지혜로운 자였지만 자기가 직접 성전을 설계하지는 않았습니다. 그는 아버지 다윗이 하나님께 받은 설계도를 그대로 사용했습니다. 우리 주변에도 다윗처럼 먼 훗날을 내다보는 눈을 지닌 사람이 많습니다. 그들은 마음속에 복음 선교에 대한 원대한 계획을 품고 있지만 그들이 직접 그 사역을 감당하도록 허락되지는 않았습니다. 그의 뒤에 다른 사람이 그 계획을 이어받아 실행에 옮길 것입니다. 하지만 우리는 지극히 높으신 분께 나아가 그분의 뜻을 전달받은 사람의 업적을 잊지 말아야 합니다.

다윗의 업적은 또 하나 있습니다. 그는 죽기 전에 남은 사람들에게 엄중하고 간곡하게 권고했습니다. 솔로몬과 다른 왕자들과 백성에게 성전 건축 사역을 수행하도록 지시했습니다. 저는 노년에 다른 사람들로 하여금 그리스도를 위한 사역을 하도록 촉구하는 일로 자신의 삶을 마무리하는 사람을 존경합니다. 인생의 끝자락에 젊은 청년들을 불러모아 그들의 마음에 십자가에 달리신 그리스도를 전하고 잃어버린 영혼을 구원하는 일에 대한 의무감을 심어주는 일은 매우 특별한 사역입니다.

이처럼 다윗은 성전 건축을 위해 자신에게 주어진 사명을 충실히 완수했습니다. 여러분은 여러분의 사명을 잘 감당하고 있습니까? 여러분은 하나님의 자녀입니다. 하나님은 여러분을 사랑하고 택하셨습니다. 여러분은 그리스도의 보혈로 속죄함 받았습니다. 그것이 여러분의 행위로 구원을 얻으려고 애쓰는 것보다 얼마나 가치 있는 것인지 여러분도 잘 알 것입니다. 그런데 구원받은 여러분은 주님을 위해 자신이 할 수 있는 일에 최선을 다하고 있습니까?

여러분이 가정과 직장과 동네에서 예수 그리스도를 위해 할 수 있는 일이 많이 있습니다. 여러분이 오늘밤 침대에 누워 마지막으로 눈을 감게 된다면 여러분은 〈나는 하나님께서 내게 주신 사명을 끝마쳤다. 영혼을 구원하기 위해 내가 할 수 있는 모든 것을 했다〉라고 말할 수 있습니까?

혹시 자신의 달란트를 수건에 싸서 땅에 묻어두지는 않았습니까? 그것이 녹슬기 전에 어서 꺼내십시오. 꺼내서 주님께 이득이 되는 거룩한 일에 사용하십시오. 그리스도인 형제자매 여러분, 하나님의 교회 안에는 분명히 사용되지 않고 버려지는 에너지가 매우 많습니다! 전혀 사용되지 않은 채 낭비되고 있는 원동력이 우리에게는 너무 많습니다. 다윗이 그랬던 것처럼 우리도 각자에게 맡겨진 사명에 충실해야 할 것입니다!

우리는 곧 세상을 떠나게 될 것입니다. 우리의 날은 그리 오래 지속되지 않습니다. 아무도 일할 수 없는 밤이 속히 올 것입니다.(요 9:4) 우리의 낮 시간이 헛되이 흘러가도록 내버려 두겠습니까? 밤이 되어 어두운 그림자가 뒤덮었을 때 하나님의 은혜로 겨우 구원받은 채로 그동안 낭비한 기회들을 후회하며 탄식할 것입니까?

예전에 어떤 한 부자의 임종을 지켜본 적이 있습니다. 저는 그와 함께 기도했습니다. 저는 그가 하나님의 자녀라는 사실을 알았기에 주님 안에서 기뻐할 것이라고 기대했습니다. 하지만 그에게는 조금 문제가 있었습니다. 그는 살면서 한 번도 구제의 손길을 내밀어 본 적이 없었던 것입니다. 옆에 앉아 있던 저에게 그는 〈제가 딱 3개월만 더 살 수 있도록 하나님께 간절히 기도해주십시오. 그러면 제가 가진 모든 소유를 그리스도를 위해 사용하겠습니다〉라고 부탁했습니다. 하지만 그는 그 말을 마치고 3시간도 지나기 전에 숨을 거두고 말았습니다.

아, 그가 조금 더 일찍 깨닫고 주님의 나라와 의를 위해 해야 할 일을 다했다면 얼마나 좋았겠습니까! 그랬다면 숨을 거두는 그 순간에 그렇게 후회하며 괴로워하지 않아도 되었을 것입니다. 그는 그리스도의 보혈이 얼마나 소중한 것인지 알았으며 그것에 의지했습니다. 그는 기쁘게도 그의 모든 소망과 신뢰를 주님께 두었으며, 그로 인해 구원을 받았습니다. 하지만 그것은 큰 후회를 동반한 구원이었습니다. 혹시 여러분 중에도 재산이 많은 사람이 있다면 임종의 순간에 이러한 후회를 남기지 않게 되기를 바랍니다.

청년 중에 복음을 선포하거나 그리스도를 위해 일할 능력이 있는데도 아직 하고 있지 않은 사람이 있다면 분명 언젠가 후회할 날이 반드시 찾아올 것입니다. 그의 양심이 깨어나고 마음이 하나님께 더욱 가까워질수록 그동안 그리스도를 전하고 사람들을 그분께 데려올 수 있었던 기회를 헛되이 보낸 일이 뼈아프게 생각될 것입니다.

다윗은 고난에 처했을 때도 맡은 사명을 충실히 수행했습니다.

> **보아라, 내가 어려울 때도 여호와의 전을 위해 금 십만 달란트와 은 백만 달란트와 너무 많아서 무게를 가늠할 수 없을 정도의 놋과 철을 준비하였고 목재와 석재도 준비하였으나, 너는 그것에 더 보태야 할 것이다.** (대상 22:14)

또, 다윗은 수백만 달러에 달하는 금은보화를 바쳤으면서도 그것이 부족하다고 합니다. 다윗은 자신이 준비한 것이 매우 적다고 생각했습니다. 다윗이 그렇게 생각한 이유는 하나님을 위해 아무리 많은 것을 하더라도 항상 부족하다고 여기는 것이 참된 성도의 자세이기 때문입니다. 세상에서 하나님을 위해 가장 많은 것을 바친 성도라 할지라도 자신이 바친 것이 매우 적다고 생각할 것입니다. 다윗은 수백만 달러의 재물을 여호와의 전을 짓기 위해 바치면서도 그것이 적다고 말합니다. 그는 금과 은을 바라보며 〈이 모든 것이 하나님께 무슨 소용일까?〉라고 했을 것입니다. 셀 수 없이 많은 놋과 철을 보면서도 그것이

형언할 수 없는 영광과 위엄으로 하늘과 땅을 가득 메우시는 여호와에게는 아무것도 아니라고 생각했을 것입니다.

여러분이 하나님을 위해 할 수 있는 모든 것을 했더라도 그보다 열 배나 더 할 수 없었던 것을 안타까워할 것입니다. 병아리를 한 마리밖에 낳지 못한 암탉처럼 주님을 위해 매우 적은 일밖에 하지 않은 사람은 자신이 엄청 대단한 일을 한 것처럼 여길 것입니다. 하지만 그리스도를 위해 많은 일은 한 사람은 그보다 백 배는 더 많이 하기를 원할 것입니다.

어떤 그리스도인들은 항상 밝고 기분 좋은 날만 있기를 바랍니다. 그들은 복음을 전하면서 한 번이라도 거절당하거나 차가운 반응을 접하면 더이상 시도하지 않습니다. 저는 조금이라도 빈정 상하면 〈더이상 안 놀거야〉라며 토라지는 어린아이 같은 그리스도인을 많이 봤습니다. 그들은 한 번이라도 거친 말을 들으면 멀리 도망가버립니다. 하지만 다윗은 환난을 겪어 마음이 꺾이려 할 때도 하나님의 전을 위한 준비를 계속했습니다.

다윗은 환난 중에도 주님의 전을 짓기 위한 만반의 준비를 했으며, 그것은 분명 그에게 위로가 되는 일이었을 것입니다. 예수님을 위해 무언가를 하는 것은 어떤 종류의 상실이나 슬픔도

극복할 수 있는 가장 좋은 방법입니다. 위대한 목표를 추구하며 살아가는 사람은 삶이 허무하지 않습니다. 여러분은 어떠한 어려움을 겪더라도 절망에 빠지지 않을 것입니다. 여러분에게는 다음과 같은 삶의 목표가 있기 때문입니다.

> 나는 하나님의 나라를 세우는 데 도움이 되고 싶으며 무슨 일을 겪더라도 내게 주어진 사명을 다할 것이다. 가난이나 부유함이나, 질병이나 건강이나, 생명이나 죽음이나 어떠한 상황에 놓이더라도 내게 숨이 붙어 있는 한 하나님께서 내게 맡기신 일을 계속할 것이다.

여러분은 언젠가 제가 아닌 다른 목회자와 함께 사역해야 할 것입니다. 하지만 그것은 아무런 문제도 되지 않습니다. 저를 대신해 다른 누군가가 주님의 일을 계속 이어간다면 담임 목사가 누구이든 무슨 상관이 있겠습니까? 하나님께서 사역자를 땅에 묻으셔도 마귀는 그가 하던 사역을 땅에 묻을 수 없습니다. 사역자가 죽더라도 사역은 영원히 지속됩니다. 우리는 희미해지는 별처럼 사라지지만 우리가 하던 사역의 영원한 빛은 결코 사라지지 않습니다. 하나님은 승리하실 것입니다. 그분의 독생자는 영광 중에 오실 것입니다. 그분의 영은 백성 가운데 부어질 것이며, 그분의 사역자들이 죽어서 사라지더라도 하나님은 세상이 끝나서 영광을 받으실 그 날까지 그분의 사역을 감당할 자들을 계속해서 일으키실 것입니다.

하나님께 불가능은 없다

> 여호와 너희 하나님께서 너희와 함께 계시지 않느냐? 주께서 너희에게 모든 면에서 평안을 주시지 않았느냐? 이는 주께서 이 땅의 거주민을 내 손 안에 주셨고, 이 땅으로 하여금 여호와와 그분의 백성 앞에 굴복하게 하셨기 때문이다. (대상 22:18)

사람들에게 여러분의 인생을 평가받을 때 여러분 혼자만의 삶이 아니라 후대에 미치는 영향력까지 포함하여 평가받도록 하십시오. 왜냐하면 한 사람만의 인생은 그저 수증기처럼 금세 사라지기 때문입니다. 여러분이 바라는 모든 것을 할 수 없을 때 최대한 할 수 있는 만큼만 하고 여러분 뒤를 이을 사람이 그 사역을 완성할 것을 기대하십시오.

〈주께서 하신 일을 주의 종들에게 보이시고, 주님의 영광을 그들의 자손에게 보이소서〉(시 90:16)는 모세가 남긴 아름다운 기도문 중 일부입니다. 우리가 한 사역이 후대의 자손들에게 하나님의 영광을 드러낼 것이라는 사실을 알기만 한다면, 비록 지금은 아무런 영광을 보지 못한다 할지라도 우리는 충분히 만족하며 사역할 것입니다. 우리는 오늘 할 일을 다하는 것으로 충분합니다. 우리가 감당할 수 없는 내일 일은 다른 사람이 하도록 내버려 두십시오. 오늘 여러분 손안에 놓인 일에 전념하고 장래의 일을 꿈꾸느라 여러분의 시간을 낭비하지 마십시오. 망원경을 내려놓으십시오. 어째서 수백 년 뒤를 내다보려 애쓰십니까? 중요한 것은 여러분 눈으로 보는 것이 아니라 여러분 손으로 하는 것입니다. 여러분에게 맡겨진 일을 지금 즉시 온 힘을 다해 하십시오. 여러분의 역할이 끝난 이후에는 하나님께서 다른 사람을 세워 그 일이 계속되게 할 것을 믿으십시오.

우리가 기뻐할 만한 점이 또 하나 있습니다. 그것은 바로 하나님의 은혜는 계속 이어진다는 것입니다. 성전 건축을 위한 자재를 모았던 다윗과 함께하신 하나님은 그 후에 솔로몬과도 함께 하셨습니다. 아, 하나님께서 우리가 태어나기도 전에 선조들에게 모든 은혜를 쏟으시지 않은 것이 얼마나 다행스러운 일입니까! 하나님의 은혜는 횟필드와 웨슬리에게 충분히 부어지고도 아직 남아 있습니다. 하나님은 조지 뮬러와 존 뉴턴에게 그분의 영을 전부 쏟아붓지 않으시고 우리를 위해 남겨두셨습니다. 하나님은 마지막 날까지 어제나 오늘이나 항상 동일하십니다. 주님의 축복은 끊기지 않습니다. 주님의 은혜는 멈추지 않습니다.

> 보아라, 여호와의 손이 짧아 구원하지 못하시는 것도 아니며, 여호와의 귀가 어두워 듣지 못하시는 것도 아니다. (사 59:1)

하나님께서 그분의 일꾼을 땅에 묻으시더라도 하나님의 사역은 계속됩니다. 위대한 일꾼이신 하나님은 지치지 않으시고 실패나 낙심하는 경우도 결코 없습니다. 하나님의 영원한 뜻은 모두 성취될 것입니다.

> 그가 자기 영혼의 수고한 것을 보고 만족할 것이다. (사 53:11)

그러니 장래 일을 생각하며 두려워하는 분들은 기운을 내십시오. 주 예수님께서는 여전히 살아계시며 〈호령과 천사장의 목소리와 하나님의 나팔 소리와 함께 친히 하늘에서 내려오실 때까지〉(살전 4:16) 그분의 교회가 살아서 일하도록 돌보아주실 것입니다.

우리는 영적인 의미에서 성전을 짓는 일을 하고 있습니다. 하나님은 그분의 종들을 세상에 보내 인류라는 채석장에서 은혜의 성전을 짓기 위한 돌을 채굴하게 하셨습니다. 주님의 종들은 아름다운 돌을 채굴해 갈고 닦아 성전 건축을 위한 자재로 만듭니다. 교회는 하나님의 살아있는 성전이며, 지극히 웅장합니다. (대상 22:5) 사람들의 마음과 영혼이 합쳐져 하나님께서 거하시는 영적인 성전이 지어진다는 개념은 참으로 경이롭습니다. 이 성전은 인류라는 채석장에서 채굴한 돌로 지어지며, 우리는 나가서 이 영원한 여호와의 전을 짓기 위한 돌을 채굴하고 깎고 준비하기 위해 힘써야 합니다.

여호와 너희 하나님께서 너희와 함께 계시지 않느냐? (대상 22:18)

저는 창조주와 떨어져 있는 인간의 무력함에 대해 설교하기를 좋아하는 형제와는 어디든 함께 갈 수 있습니다. 인간의 무력함에 관해서는 아무리 강조해도 지나치지 않습니다. 하지만 그렇다고 해서 항상 자신의 연약함에만 빠져 있지는 마십시오. 여러분이 약할 때 하나님의 전능하심에 전적으로 의존하기만 한다면 오히려 강해질 수 있다는 사실을 기억하십시오.

여호와 하나님께서 여러분과 함께 계시지 않습니까? 하나님께서 복음을 전하라고 우리를 세상에 보내신 것이 아닙니까? 그런 하나님께서 우리와 함께하시지 않겠습니까? 하나님께서 우리를 영혼 구원의 수단으로 삼으시려고 보내시지 않았습니까? 사람들이 하나님께 죄짓는 것으로 인해 우리 마음이 아프게 만드시지 않았습니까? 그런 하나님께서 우리와 함께하시지 않겠습니까? 마치 우리가 하나님 없이 살아가야 하는 것처럼 생각하지 마십시오. 우리는 하나님을 알도록 부름받았습니다. 우리는 그리스도의 몸을 구성하는 지체가 되었으며, 성령님께서 우리 안에 거하심으로 인해 우리는 살아계신 하나님의 교회가 되었습니다. 하나님께서 친히 세우신 이 교회에 주께서 거하시지 않겠습니까? 이런 여호와 하나님께서 여러분과 함께 계시지 않습니까? 그렇다면 여러분에게 어려운 일이 무엇이 있겠습니까?

하나님은 그분의 백성과 함께 하는 것을 기뻐하십니다. 하나님은 우리의 아버지이신데 아버지가 자녀를 사랑하는 것은 당연한 일이지 않습니까? 사랑이 많은 아버지는 집에서 기다리는 아이에게 〈일 마치고 금방 돌아올 테니 저녁에는 함께 시간을 보내자〉라고 말합니다. 우리는 세상일을 모두 제쳐 두고 집에서 사랑하는 가족과 휴식을 취할 때 가장 큰 행복을 느낍니다.

하나님도 아버지로서 그분의 자녀인 백성과 집에 함께 거하시며 기뻐하십니다. 〈나의 기쁨이 인간의 아들들과 함께하였다〉(잠 8:31)라는 말씀을 기억하십시오. 하나님께는 우리가 기뻐할 만한 모든 것이 있지만, 우리에게는 하나님을 기쁘시게 할 만한 것이 전혀 없습니다. 그런데도 불구하고 매우 놀랍게도 하나님은 우리가 하나님을 통해 누리는 기쁨보다 훨씬 큰 기쁨을 우리를 통해 누리십니다. 주님은 그분의 백성을 너무나도 사랑하셔서 절대로 그들에게서 멀리 떨어지지 않으십니다.

호주로 떠나는 한 형제가 저에게 인사를 하러 찾아왔습니다. 그는 지난 23년 동안의 삶을 간략하게 이야기해 주었습니다. 그러고 나서 이렇게 말했습니다.

> 목사님은 저를 그리스도를 위해 일하도록 부추겼습니다. 저를 한 시도 게으름 피우지 못하게 하셨죠. 목사님은 〈게으름뱅이 중에서도 가장 안 좋은 것은 바로 게으른 그리스도인들이다〉라

고 말씀하셨지요. 그리고 〈주일에 두 번씩 설교를 들으러 오면 서도 주님을 위해 아무것도 하지 않은 사람은 전혀 잘못된 신 앙생활을 하는 것이다〉라고도 하셨습니다. 저는 이제 목사님 설교를 들으러 자주 가지 않습니다. 저는 주일 학교의 총무를 맡고 있으며 이곳저곳으로 말씀을 전하러 다니기 때문에 타버 나클 교회에 자주 방문하지 못하게 되었습니다.

저는 많은 교인이 다른 곳에서 주님의 사역을 하느라 저의 설교를 들으러 오지 못하게 되는 것이 너무도 기쁩니다!

많은 교회에서 중심이 되는 활동은 좌석에 앉아 가만히 말씀을 받아먹는 것입니다. 물론 모든 생물은 먹이를 먹을 필요가 있습니다. 가령 돼지처럼 말입니다. 돼지가 하는 일은 그저 먹는 것뿐이며, 따라서 그것은 별로 좋은 생물이라 할 수 없습니다. 저는 그저 말씀을 받아먹는 것이 하는 일의 전부인 그리스도인을 전혀 인정하지 않습니다. 그들은 심지어 죄인들에게 회심할 것을 촉구하는 설교를 듣고 불평을 늘어놓습니다. 왜냐하면 그 설교 안에는 그들을 위한 먹이가 없기 때문입니다! 그들은 엄청난 말씀의 대식가입니다. 하지만 여러분은 그저 먹기만 하는 그리스도인이 되지 않기를 바랍니다. 그것이 아무리 천상의 음식이라 할지라도 말입니다. 하나님께서 여러분과 함께 계신다면 가서 그분의 일을 하십시오.

어떤 사람들은 〈저는 무엇을 해야 하나요?〉라고 묻습니다. 하지만 그것은 제가 관여할 일이 아닙니다. 여러분이 할 일은 여러분 스스로 찾아야만 합니다. 하나님을 위해 일하는 사람은 이 사람 저 사람을 찾아가 〈저는 무엇을 해야 하나요?〉라고 물을 필요가 없습니다. 손에 처음으로 잡히는 일을 하되, 주님을 위해 일하십시오! 복음이 선포되지 않는 시골 마을에 살고 있다면 여러분이 직접 설교를 하십시오.

아, 하지만 저는 할 수 없어요!

그렇다면 할 수 있는 사람을 찾으십시오.

하지만 이 마을에는 예배당이 없어요.

이렇게 날씨가 좋은데 예배당이 무슨 필요가 있습니까? 마을의 잔디밭에서 예배를 드리십시오. 베어 넘어진 오래된 나무들이 좋은 좌석이 되어줄 것입니다.

제가 설교를 한다면 엉망진창이 되고 말 거에요.

오히려 그것이 더욱 도움이 되기도 합니다. 때로는 엉망진창인 설교가 다른 사람들의 가슴을 무너져 내리게 하는 경우도 많습니다. 세계에서 가장 큰 기업도 처음에는 아주 작은 규모로 시작되었습니다. 세계에서 가장 울창한 숲도 처음에는 한 줌의 도토리에서 시작되었습니다. 우리도 우리를 위해 목숨을 내어 주셨고 지금도 언제나 함께 계시며 우리의 힘과 기쁨이 되시는 주님을 위해 할 수 있는 모든 것을 합시다!

다윗은 백성에게 〈너희는 마음과 영혼을 다해 여호와 너희 하나님을 구하라〉(대상 22:19)라는 말로 마땅히 해야 할 일에 마음을 집중하도록 격려했습니다. 아, 우리 중에는 그저 졸려고 교회에 다니는 사람이 너무 많습니다! 설교자는 본인도 아직 깨어나지 못한 것처럼 설교하고 청중들도 마찬가지입니다. 심지어 우리 교회에도 동전이 쨍그랑 소리를 내며 떨어지면 찾으려고 눈을 번쩍 뜨지만 복음이 선포될 때는 전혀 깨어나지 못하는 사람이 얼마나 많습니까? 물론 그들은 낯선 사람에게 말을 걸어 주님을 전하는 일은 전혀 해보지 않았을 것입니다.

어떤 사람은 〈제가 무엇을 할 수 있는지 잘 모르겠습니다〉라고 말합니다. 형제여, 성경 말씀이 사실이라면 저는 오히려 그대가 무엇을 할 수 없는지 잘 모르겠습니다. 여호와 하나님께서 함께하시지 않습니까? 그런데 할 수 없다니요? 어떻게 하나님과 〈할 수 없다〉는 말이 함께할 수 있습니까? 제 생각에는 하나님과 〈할 수 있다〉 또는 〈할 것이다〉라는 말이 함께하는 것이 수천 배는 나은 것 같습니다. 하나님께서 우리와 함께하시면 무엇이 불가능하겠습니까? 어려운 일이 무엇이 있겠습니까? 하나님이 그분의 백성과 함께 계실 때는, 그들 중에 연약한 자도 다윗처럼 될 것이며, 다윗의 집은 하나님처럼, 곧 그들 앞에 나타난 여호와의 천사처럼 될 것입니다. (슥 12:8)

반드시 열매를 맺어야 한다

무화과나무는 푸른 열매를 맺고, 연한 포도가 달린 포도나무는 좋은 향기를 내뿜는다. (아 2:13, KJV)

포도나무는 열매를 맺지 못한다면 모든 나무 중에서 가장 쓸모가 없습니다. 포도나무로는 거의 아무것도 만들 수 없습니다. 심지어 물을 끓이기 위한 장작으로 쓰기에도 충분하지 않습니다. 가구를 만들거나 건축 자재로 사용할 수도 없습니다. 포도나무의 쓰임새는 열매를 맺거나 불에 던져 태워지거나 둘 중 하나입니다. 열매 맺지 않는 포도나무의 가지는 베어져 모닥불을 피우는 데 사용됩니다. 저는 프랑스 남부에서 그런 광경을 자주 목격했습니다. 모닥불에 던져진 포도나무 가지는 매우 빨리 타버려 금세 사라집니다.

포도나무는 성경에서 꾸준히 그리스도의 교회를 상징하는 것으로 사용되었습니다. 그러므로 우리도 열매를 맺어야 합니다. 그렇지 않으면 무익한 것으로 여겨질 것입니다. 우리는 하나님을 위해 일해야 합니다. 새롭게 변화된 본성을 지닌 우리는 영혼으로부터 하나님에 대한 사랑과 섬김의 열매를 생산해내야 합니다. 그렇지 않으면 우리는 쓸모가 없어 베어져 불에 던져질 날을 기다릴 뿐입니다. 우리 삶에 열매가 없으면 결국 파멸에 이르는 결말을 맞이할 것입니다.

이것은 우리 삶에 매우 엄중하고 중요한 영향을 미치며, 우리에게 〈나는 하나님께 열매를 내고 있나? 나는 회개에 합당한 열매를 맺었나?〉(마 3:8)라고 자문하게 만듭니다. 왜냐하면 만일 우리가 열매를 맺지 못했다면 우리는 정원사의 칼날에 베여 그리스도의 포도나무인 교회에서 떨어져 나가 쓸모없는 가지로서 담장 너머로 멀리 던져져 결국에는 불태워질 것이기 때문입니다.

우리는 반드시 열매를 맺어야 하며, 그렇지 않으면 분명히 파멸에 처하게 될 것입니다. 그리고 우리에게 그리스도가 없다면 우리는 결코 열매를 맺을 수 없습니다. 우리는 마치 가지가 줄기에 붙어서 살아가는 것처럼 그리스도와 밀접하게 연합되어 하나가 되어야 합니다. 가지를 줄기에 묶어 놓는 정도로는 소용이 없습니다. 그렇게 해도 열매는 생기지 않습니다. 가지가 열매를 맺기 위해서는 줄기와 살아있는 연합체로서 하나가 되어야 합니다. 마찬가지로 우리도 그리스도와 살아있는 연합체로서 하나가 되어야 합니다.

여러분은 이것이 무슨 뜻인지 체험적으로 알고 있습니까? 이것을 체험적을 알지 못한다면, 결국 전혀 모르는 것이나 다름없습니다. 살아있는 사람만이 삶이 무엇인지 알 수 있듯이, 그리스도와 연합한 사람만이 그것이 무엇인지 알 수 있습니다. 우리는 믿음이란 행위를 통해 그리스도와 하나가 되어야 합니다. 나뭇가지를 접붙일 때 줄기의 갈라진 틈에 끼워 넣듯이, 우리는 그리스도의 안으로 들어가야 합니다. 그렇게 했을 때 둘은 매우 밀접하게 결합하여 하나의 생명이 되고 수액이 흘러 들어갑니다. 그렇게 하지 않으면 결코 열매는 맺히지 않습니다.

다시 한번 강조하지만, 이것은 우리의 삶에 매우 심각한 영향을 미칩니다! 그러므로 우리는 매우 진지하게 스스로 질문해

보아야 합니다! 르우벤 시냇가에 큰 결단이 있었던 것처럼(삿 5:16), 우리도 큰 결단을 해야 합니다. 각자 가슴에 손을 얹고 다음과 같이 질문해 보십시오.

> 나는 열매를 맺고 있는가? 그리스도와 완전히 연합되지 않는 한 나는 열매를 맺지 못한다. 나는 그리스도 안에 있다고 공개적으로 고백했지만, 진정으로 그분의 명예와 영광을 위해 열매를 맺고 있는가?

어떤 분은 이렇게 말할지도 모릅니다.

> 저도 열매를 맺고 싶지만 분명 양도 적고 품질도 형편없어서 예수님은 그것을 알아차리지도 못할 것입니다.

아가서에서 천상의 신랑이신 그리스도께서 그분의 신부에게 어떻게 말씀하시는지 들어보십시오. 그리스도께서 직접 신부를 포도원으로 초대해 둘러보게 했습니다. 주님은 〈연한 포도가 달린 포도나무는 좋은 향기를 내뿜는다〉(아 2: 13, KJV)라고 말씀하십니다.

보다시피, 비록 연한 포도이긴 하지만 이 포도나무는 열매를 맺었습니다. 어떤 사람은 이 구절을 꽃이 핀 포도나무가 향기를 내뿜는다고 해석하며, 다른 사람은 이제 막 열리기 시작한 포도 열매를 뜻한다고 해석합니다. 어찌 되었든 그것은 매우 작고 볼품없는 것이지만, 포도원 주인은 누구보다도 그것을 가장 먼저 알아차렸습니다. 누구든 하나님을 향해 자그마한 열매라도 맺는다면 우리 주님은 그것을 알아차리십니다. 비록 이제 갓 열리기 시작한 작은 열매라도, 이제 갓 피기 시작한 작은 꽃이라도, 주님은 그것을 알아차리시며 그로 인해 기뻐하십니다.

또 다른 형태의 연한 포도는 예수 그리스도를 믿는 겸손한 믿음입니다. 우리에게 필요한 것은 단지 신실하게 〈주님, 제가 믿습니다. 저의 믿음 없는 것을 도와주소서〉(막 9:24)라고 말하는 것일지도 모릅니다.

진실한 삶의 변화도 연한 포도의 한 종류입니다. 열매를 맺는 사람은 삶이 완전히 뒤바뀝니다. 더이상 기존에 바라보던 방향을 보지 않고, 기존에 살던 방식대로 살지 않습니다. 처음에는 걸음마를 배우는 아이처럼 자주 넘어지고 실패할 것입니다. 하지만 넘어지는 것을 두려워하는 아이는 결코 걸음마를 배울 수가 없습니다.

또 다른 영적인 열매 중 하나는 개인적인 기도 생활입니다. 기존에는 기도도 거의 하지 않고 예배를 참석하긴 해도 그리 대수롭지 않게 여기던 사람이 이제는 할 수 있는 한 자주 시간을 내서 개인적인 기도를 하게 되었습니다.

주님은 이러한 연한 포도들을 어떻게 평가하실까요? 죄로 인한 슬픔, 연약한 믿음, 주님의 대속에 대한 겸허한 신뢰, 변화된 삶을 위한 열심, 헛된 유희의 절제, 개인적인 기도와 말씀 묵상, 더 큰 은혜의 갈망, 어린아이 같은 사랑 등을 주님은 어떻게 생각하실까요?

우선 주님은 이 모든 것을 매우 소중하게 생각하십니다. 그래서 아가서 2장 10절~13절을 보면 그분의 신부, 곧 교회를 불러 그 작은 열매들을 둘러보게 하십니다.

> 나의 사랑하는 이가 내게 말했다. 〈일어나라, 나의 사랑, 나의 어여쁜 자여, 이리로 오너라. 보라, 겨울이 지나고 비도 그쳤다. 꽃들이 땅 위에 모습을 드러내고, 새들이 노래하는 계절이 오고 우리의 땅에 멧비둘기의 소리가 들린다. 무화과나무는 푸른 열매를 맺고 (아 2:10~13)

바로 이 구절 다음에 〈연한 포도가 달린 포도나무는 좋은 향기를 내뿜는다〉(아 2:13)라는 말이 이어집니다. 그들이 내뿜는 좋은 향기는 어떤 것을 뜻할까요? 그것을 바로 〈신실함〉의 향기입니다. 젊은 청년들은 비록 지식은 부족하지만 매우 신실합니다. 저는 그리스도에 대한 믿음을 고백하는 사람 중에서 교리를 잘 모르거나 신앙 체험은 부족하지만 매우 신실한 태도를 지닌 이들을 많이 보았습니다! 그들은 일단 말하는 것이 순수합니다. 때로는 신학적으로 매우 잘못된 발언을 하기도 하지만 저는 그것이 신앙 교육을 충분히 받지 못해 나오는 실수에 불과하다는 사실을 잘 알고 있습니다. 그들은 사랑은 넘치지만 지식이 부족한 마음에서 우러나오는 그대로를 말합니다. 저는 그것이 그들의 말이 얼마나 진실한지 보여주기 때문에 오히려 좋다고 생각합니다. 우리 주 예수님은 신실함을 매우 좋아하십니다. 반면에 가장 고약한 냄새를 풍기는 것은 다름 아닌 위선입니다. 정형화된 종교 체험이나 자기들만 알 수 있는 온갖 종교적 전문 용어로 가득한 대화는 하나님께 악취를 풍길 뿐입니다. 부디 우리가 그런 것에 빠지지 않도록 주님께서 지켜주시기를 기도합니다! 하지만 연한 포도가 열린 포도나무들은 하나님께서 기뻐하시는 신실함의 감미로운 향기를 내뿜습니다.

다음으로 이 젊은 신자들에게는 〈진심 어린〉 감미로운 향기가 납니다. 그들은 모든 일에 전심을 다하고 열성적이며 활기가 넘칩니다! 일부 어른들은 하나님에 관해 대화를 나눌 때 자기와는 상관이 없거나 별로 관심이 없는 것처럼 이야기합니다. 하지만 이 새롭게 태어난 젊은 영혼들은 그렇지 않습니다. 그들에게는 모든 것이 밝고 신선하며 열심과 활기가 넘칩니다. 그리고 예수님은 이런 마음가짐을 좋아하십니다.

이 젊은 그리스도인들이 내뿜는 또 다른 감미로운 향기는 〈열정〉입니다. 그리고 누군가 열정에 대해 폄하하는 주장을 한다면 저는 언제나 그것을 옹호하기 위해 싸울 것입니다. 열정의 불 없이 하나님의 일을 하는 것은 불가능합니다. 하나님의 영광을 위해 열정으로 가득한 젊은 남녀를 보면서 저는 〈하나님 저들을 축복해 주소서! 저들의 앞길을 밝혀 주소서!〉라고 기도합니다. 어떤 어른들은 그들의 입에 재갈을 물려 통제하려고 하지만 저는 항상 그들의 편에 서서 이렇게 말할 생각입니다.

> 아닙니다. 그들이 빨리 달릴 수 있도록 내버려 두십시오. 그들이 지식이 없이 열정만 있다고 하더라도 차라리 열정이 없이 지식만 있는 것보다 낫습니다. 그저 잠시만 참고 기다려 주십시오. 그러면 그들은 금세 필요한 지식을 모두 습득할 것입니다.

이 젊은 신자들이 내뿜는 또 다른 감미로운 향기가 있습니다. 그들은 성경으로부터 〈배울 준비〉가 되어 있습니다. 하나님은 말씀의 가르침을 통해 그들의 영혼을 축복하십니다.

또한, 그들은 언제나 〈기쁨〉이 넘칩니다. 그들이 하나님의 영광을 찬양할 때 주님을 만난 지 50년 이상 된 일부 연로한 형제들은 불평을 늘어놓습니다. 그들에게 무슨 일이 있었던 것일까요? 그들이 처음 구세주를 영접했을 때 느꼈던 초창기의 기쁨을 회복할 수 있으면 좋겠습니다. 주님 안에서 느끼는 기쁨은 언제나 즐겁지만, 그중에서도 새롭게 회심한 사람들의 기쁨에는 더욱 특별한 밝음이 있습니다.

어떤 사람들은 원숙한 그리스도인들만 신경 쓸 가치 있다고 생각합니다. 하지만 우리 주님은 그렇게 생각하지 않으십니다. 그들은 〈아, 겨우 작은 계집애들만 잔뜩 교회에 등록했구나〉라고 불평합니다. 겨우 작은 계집애들이요? 우리 주 예수 그리스도는 그분의 자녀들을 그런 식으로 부르지 않습니다. 주님은 그들을 왕의 딸이라 부르십니다. 그러니 우리도 그들을 왕의 딸로서 대해야 합니다. 또, 그들은 〈겨우 소년들과 청년들만 모였다〉라고 불평합니다. 네, 하지만 소년과 청년이 자라서 어른

이 되는 것이며, 그들은 결국 주님의 명예를 크게 더할 것입니다. 부디 이런 자들이 항상 우리 곁에 많이 있기를 기도합니다.

오직 그리스도의 영광을 위하여

예수께서 아시고 그들에게 말씀하셨다. 〈너희는 어째서 이 여자를 괴롭게 하느냐? 이 여자는 나를 위해 선한 일을 하였다.〉

(마 26:10)

여러분은 복되신 구세주의 머리에 귀한 향유를 부은 이 여자 그리스도인의 헌신에 관한 이야기를 깊이 연구하시기 바랍니다. 그녀의 머릿속에는 처음부터 끝까지 오직 주 예수님 밖에 없었습니다.

예수님을 위해 순수한 사랑의 헌신이 될 만한 무언가를 하려고 노력하십시오. 여러분의 주님을 위해 특별하고 개인적인 사역을 하십시오. 여러분과 주님 사이에 특별한 사랑의 표현이 있게 하십시오. 여러분은 〈제가 무엇을 해야 하나요?〉라고 질문할지도 모릅니다. 저는 그 질문에 대답하지 않겠습니다. 저는 여러분을 위한 판사가 아니며, 특히 사적인 사랑의 행위에 관해서는 더욱 그렇습니다.

주님께 선한 일을 했던 여자는 베드로에게 〈제가 무엇을 드려야 하나요?〉라고 묻지 않았습니다. 그녀는 요한에게 〈제가 무엇을 해야 하나요?〉라고 묻지도 않았습니다. 그녀는 마음에 떠오르는 대로 창의적으로 행동했습니다.

여러분은 이웃을 위해 탄원하는 기도를 하십시오. 자신을 위해서는 기도하면서 주님의 일을 위해 매일 조금의 시간을 들여 기도할 수는 없습니까? 〈주님의 이름이 거룩하게 되고, 주님의 나라가 임하며, 주님의 뜻이 하늘에서처럼 땅에서도 이루어지도록〉(마 6:9~10) 잠깐 시간을 내어 기도할 수 없습니까? 여러분의 개인적인 기도 시간에 단 몇 분만이라도 〈주께서 자기 영혼의 수고한 것을 보게 되도록〉(사 53:11) 간구하는 기도를 올려드린다면 참으로 멋진 일이지 않겠습니까?

이것은 모든 성도가 할 수 있는 일 가운데 한 가지입니다. 성도가 드릴 수 있는 또 다른 거룩한 제사로는 예수님을 찬양하는 것이 있습니다. 우리는 함께 모였을 때 주님을 찬양하는 것을 잊어버리거나 소홀히 할 때가 많습니다. 모든 예배 모임에서 가장 중요한 부분은 주님을 경배하는 것입니다. 특히 직접적으로 주 예수님을 경배하는 것이 우선시되어야 합니다. 때로 우리는 서로의 의식을 고양하는 찬송을 부르기도 하지만, 그것보다 그저 단순하게 예수님을 영화롭게 하는 찬송을 부르는 것이 좋습니다. 그런데 남들과 함께 있을 때만이 아니라 혼자 있을 때도 주님을 찬양하는 것은 어떨까요? 우리 모두 할 수만 있다면 남에게 보이기 위해서나 나 자신을 위해서가 아니라 오직 주님을 사랑하고 송축하고 높여드리고 찬송하고 주님께 우리 영혼의 사랑과 존경과 감정을 모두 쏟아붓는 시간을 가지는 것은 어떨까요? 여러분도 이렇게 해보십시오. 하지만 구체적인 방법은 제가 가르쳐줄 수 있는 것이 아닙니다. 하나님의 거룩한 영께서 여러분의 마음에 어떻게 해야 할지를 보여주실 것입니다.

예수님을 위해 선한 일을 할 때 필요한 조언 한 가지를 드리겠습니다. 결코 여러분 자신을 드러내려 하지 않도록 주의하십시오. 오직 예수님을 위해서만 모든 것을 하십시오. 자신의 사리를 도모하는 역겨운 손길로 여러분의 선한 일을 더럽히지 마십시오. 결코 사람들의 인기를 끌 목적으로 예수님을 위한 일을 하지 마십시오. 항상 오른손이 한 일을 왼손이 모르게 하십시오. 심지어 가장 친한 친구에게도 칭찬받지 않도록 가능한 한 여러분이 한 일을 숨기십시오.

그러는 동시에 예수님을 향한 여러분의 사랑을 모르는 사람들에게 어떠한 비판을 받더라도 결코 두려워하지 마십시오. 이 선한 여자는 공개적인 자리에서 예수님께 향유를 부었습니다. 왜냐하면 그것이 주님을 높이는 가장 좋은 방법이었기 때문입니다. 사람들이 많은 광장에서 선한 일을 함으로써 여러분이 주님을 높일 수 있다면 그것을 두려워하지 마십시오. 어떤 사람에게는 대중의 관심을 받으려는 욕구가 시험이 될 수 있고, 어떤 사람에게는 대중의 관심을 두려워하는 것이 시험이 될 수 있습니다. 주님을 섬길 때 아무도 여러분을 지켜보지 않는 것처럼 행동하십시오. 전 세계의 눈이 여러분을 주시하고 있더라도 당황하거나 부끄러워하거나 두려워하지 마십시오. 두 가지 경우 모두 여러분 자신이 드러나서 여러분의 선한 일을 망치지 않도록 주의하십시오.

예수님을 위해 일하고 난 뒤에 절대로 여러분 자신을 자랑스러워하지 마십시오. 만일 여러분이 자신에게 〈참 잘했다〉라고 말한다면 그것은 자기를 위해 제물을 바친 것이나 다름없습니다. 여러분이 사역할 때마다 항상 마땅히 해야 할 바를 한 것이라고 생각하십시오.

> 이와 같이 너희도 명령받은 모든 것을 행했을 때 〈우리는 무익한 종입니다. 그저 해야 할 의무를 했을 뿐입니다〉라고 말하라.
>
> (눅 17:10)

예수님은 자기희생적인 섬김을 가장 기쁘게 받으신다는 사실을 기억하십시오. 주님은 그분의 백성이 온전한 마음으로 드린 선물을 기뻐하십니다. 우리가 주님을 위해 한 일은 얼마나 드렸는지가 아니라 우리에게 얼마나 남겼는지로 평가됩니다. 만일 우리가 많이 남겼다면 두 렙돈을 드렸던 과부보다 적게 드린 것입니다. 왜냐하면 그녀는 자기가 가진 생활비 전부를 드렸기 때문입니다.

> 예수께서 눈을 들어 부자들이 헌금함에 헌금을 넣는 것을 보셨다. 또, 어떤 가난한 과부가 거기에 두 렙돈을 넣는 것을 보셨다. 예수께서 말씀하시되, 〈내가 진실로 너희에게 이르노니, 이

가난한 과부가 다른 모든 사람보다 더 많이 넣었다. 이 모든 사람이 자신의 풍부한 소유 중에서 헌금을 넣었지만, 이 과부는 가난한 와중에도 자기가 가진 생활비 전부를 넣었기 때문이다〉라고 하셨다. (눅 21:1~4)

무엇보다도 실용적이지 않은 것은 무가치하다는 이 세상의 통념에서 우리 마음이 벗어나야 합니다. 여기서 실용적이란 말은 도덕적이나 물질적인 이득이 있는 결과를 가져온다는 의미입니다. 〈그것을 통해 무슨 유익을 얻을까? 그것이 내게 어떤 유익을 가져다줄까? 그것이 내 이웃에게 어떤 유익이 될까? 도대체 무슨 목적으로 이 쓸데없는 일을 할까?〉 이런 질문들이 너무도 보편적인 상식이 되었습니다. 하지만 그것이 그리스도의 영광을 위해서라면 그저 묵묵히 하십시오. 그것을 다른 어떤 것보다 가장 확실하고 가치 있는 동기로 받아들이십시오.

그리스도를 위해 일하는 것 때문에 여러분이 미움받고 손해를 본다고 할지라도 어쨌든 그 일을 하십시오. 저는 주 예수님께 신실한 것에 비하면 저의 개인적인 인기나 세속적인 소득은 티끌과 같다고 생각합니다. 〈저는 어느 정도 타협함으로써 지켜야 할 인간관계가 있기 때문에 진리를 선포하기 어렵습니다〉라고 하는 것은 마귀의 논리입니다.

어째서 그것을 염려합니까? 그저 두려워하지 말고 옳은 일을 행하십시오! 결과는 하나님의 손에 달려 있지 여러분에게 달린 것이 아닙니다. 그리스도를 위해 선한 일을 했는데 그것 때문에 큰 해를 입게 되더라도 여러분은 그저 그 일을 하십시오. 그리스도께서 그것을 받으시고 기록해두실 것입니다. 그리고 여러분의 양심에 주님께서 미소로써 화답하실 것입니다.

오직 예수님을 위한 일이라면 여러분이 어떤 종류의 일을 하든지 상관없습니다. 아무리 큰 대가를 치르더라도 주님을 위해서라면 전혀 낭비가 아닙니다. 주님은 그런 대우를 받아 마땅하신 분이기 때문입니다. 주님 외에 다른 이에게는 아무 유익이 되지 않는다고 한들 무슨 상관입니까? 그 일이 주님을 기쁘시게 합니까? 주님은 그럴 자격이 있습니다. 잔치의 주인에게 아무 대접도 하지 않는 것이 타당합니까? 양떼를 돌보느라 정작 양의 주인인 목자에게 소홀히 해야 하겠습니까? 종들을 돌보느라 종의 주인에게 아무것도 하지 않아야 하겠습니까?

저는 때때로 주님 외에 다른 누구도 섬기고 싶지 않다는 생각을 합니다. 저는 온 힘을 다해 하나님을 섬기려고 노력했는데

냉혹한 비평가가 저의 사역에 대해 신랄한 비난을 할 때, 저는 속으로 이렇게 생각합니다.

> 그것은 당신을 위해 한 일이 아니오! 당신을 위해 그 일을 한 것이 아니오! 나는 주님을 위해 일한 것이오. 당신의 판단은 대수롭지 않소. 당신은 진리를 향한 나의 열정을 정죄한 것이오. 당신은 주님의 명령을 정죄한 것이오.

그러니 여러분도 여러분이 하던 사역을 계속하며 〈나는 그리스도를 위해 이것을 하며, 주께서 나의 섬김을 받아주실 것을 믿는다. 그러므로 나는 만족한다〉라고 생각하십시오. 예수님은 전적으로 그분만을 위한 섬김을 받으실 자격이 있습니다. 그렇게 생각하지 않습니까?

아버지의 생신에 자녀가 오직 아버지만을 위한 선물을 사 왔다고 생각해 보십시오. 그 선물은 어머니나 다른 형제에게는 전혀 필요 없으며 먹거나 입을 수 있는 것도 아닙니다. 아버지는 그 선물을 다른 사람에게 줄 수도 없고 오직 자기만 쓸 수 있습니다. 그것을 보고 〈아무리 아버지가 기뻐한다고 해도 어떻게 그런 선물을 고를 수 있니?〉라고 나무랄 사람이 있을까요? 그렇지 않습니다. 모두가 〈그것은 아버지에게 꼭 맞는 선물이구

나. 우리도 아버지를 위해 그런 것을 원했어. 우리는 선물을 고를 때 다른 사람은 고려하지 않았어. 아버지가 자기를 위해 우리의 선물을 사용할 것을 생각하니 우리도 기쁘다〉라고 할 것입니다.

예수님에 관해서도 마찬가지입니다. 그저 예수님이 기뻐하실 만한 일을 찾아서 그것을 하십시오. 다른 사람에 관해서는 상관하지 마십시오. 여러분이 주님을 위해 할 수 있는 모든 것을 다 하여도 주님은 그것보다 무한히 더 많은 것을 받으실 자격이 있습니다.

게다가 아무리 여러분에게는 무익하게 보이는 행동이라 할지라도 그것이 예수님을 사랑하는 마음에서 나온 것이라면, 그것은 그리스도의 계획 안에 놓일 것이며 매우 유용하게 사용될 것입니다. 주님의 머리 위에 부어진 향유도 제자들은 무익하다고 여겼습니다. 하지만 예수님은 〈이 여자가 내 몸에 향유를 부은 것은 내 장례를 위한 것이다〉(마 26:12)라고 말씀하셨습니다.

그리스도를 위해 영웅적인 업적을 남긴 사람들도 있으며, 그들은 그런 일을 할 때 〈이것이 과연 어떤 식으로 주님의 뜻을 이루는 데 도움이 될까?〉라고 생각했을지도 모릅니다. 하지만 그들이 한 사역은 반드시 필요한 일이었습니다. 휫필드와 웨슬리가 들판으로 설교하러 나갔을 때 사람들은 미친 짓이라 생각했습니다. 그리고 그것이 주님의 뜻을 이루는 데 꼭 필요하지 않았더라면 아마도 그들은 그 일을 시도하지 않았을 것입니다.

당시에는 무모한 짓으로 여겨졌지만 그들은 영국 전역에 모범적인 사례를 남겼으며 지금은 야외 설교가 매우 효과적인 전도 방식으로 인식되고 있습니다. 그리스도를 위해서라면 다소 돈키호테처럼 무모해도 괜찮습니다. 여러분의 상식을 벗어난 행동이 다가올 시대의 지혜가 될지도 모릅니다.

우리 주님의 머리에 향유를 부었던 여자의 사랑이 넘치는 행동은 결코 낭비가 아니었습니다. 그것은 지금까지도 우리 모두에게 도움이 되고 있습니다. 그녀가 한 일은 복음서에 기록되어 남았으며 그것을 읽는 모든 사람의 마음에 영감을 불어넣어 예수님을 사랑하고 섬기는 일에 헌신하도록 하고 있습니다. 그녀는 무려 이천 년 동안 하나님의 진리를 선포하고 있는 것입니다. 그녀가 부은 향유의 영향력은 지금까지도 지속되며 앞으로도 계속 이어질 것입니다. 여러분이 유럽, 아시아, 아프리카, 아메리카에서 우리 주 예수님을 위해 일하는 친구들을 만날 때마다 그 향유의 향기를 맡을 것입니다. 그녀의 헌신적인 행동은 지금 이 시간 우리에게도 유익을 주며 이 하나님의 전을 향기로 가득 채우고 있습니다.

혹시 여러분이 개인적으로 예수 그리스도를 섬기고 있으며 그 일이 주님께만 영광 돌리고 다른 사람에게는 별다른 유익을 주지 못한다면, 여러분의 행동은 아마도 장래의 그리스도인에게 교훈적인 모범을 남기는 것일지도 모릅니다. 아, 사람들이 더욱 주 예수님께 개인적으로 헌신하도록 그들의 마음에 불을 지필 수 있었으면 좋겠습니다! 청년이여, 우리는 해외로 파송할 선교사들이 필요합니다. 여러분 중에 파송될 준비가 되어 있는 사람은 없습니까? 젊은 여성이여, 우리는 소외되고 병든 자를 돌볼 사람이 필요합니다. 여러분 중에 구원자 되신 예수님을 위해 헌신할 사람은 없습니까?

저는 서아프리카에서 그리스도를 전하는 선교사 한 분과 인사를 나눈 적이 있습니다. 그는 거기서 16년 동안 선교 사역을 했습니다. 그 지역은 말라리아가 자주 발병하기 때문에 선교사들이 대부분 4년 정도밖에 못 산다고 합니다. 그는 그곳에서 사역하는 동안 동료 선교사 12명을 장사지냈다고 합니다. 또, 거의

12년 동안 백인의 얼굴을 보지 못했다고 합니다. 그는 다시 아프리카로 떠날 것이라고 하면서 자기도 얼마 못 가 죽을 것 같다고 했습니다. 작별의 악수를 하며 그는 이렇게 말했습니다.

> 우리 중 많은 사람이 죽을 것입니다. 아마도 수백 명은 그렇게 될 것입니다. 하지만 결국에는 그리스도께서 승리하실 것입니다! 아프리카는 우리 주 예수님을 알게 되고 두려워할 것입니다. 마침내 예수님께서 승리하기만 한다면 우리의 이름, 평판, 건강, 인생이 어떻게 되든 무슨 상관이 있겠습니까?

얼마나 영웅적인 말입니까! 참으로 놀라운 선교 정신이지 않습니까!

불과 망치

> 내 말이 불과 같지 아니하냐? 바위를 산산조각 내는 망치와 같
> 지 아니하냐? 여호와의 말이다. (렘 23:29)

여호와께서 그분의 종 예레미야를 통해 말씀하실 때 그 말씀은 불과 같았습니다. 그 말씀에는 불타오르는 무언가가 있었습니다. 인간은 그렇지 않습니다. 하지만 인간도 본능적으로 그 힘과 능력을 느낄 수 있도록 만들어졌습니다. 거짓 선지자들이 말할 때는 온갖 부드럽고 아첨하는 말로 사람들에게 굽신거렸지만, 예레미야가 여호와의 이름으로 말할 때는 모든 말이 듣는 사람들을 몹시 책망하는 말투였습니다. 그것은 마치 힘센

장사가 큰 망치를 들어올려 바위를 깨뜨리려고 전력으로 내려치는 것 같았습니다. 그의 메시지는 불경건한 자들을 위로하지 않았고 오히려 그들을 산산조각 내어 가능하면 그들을 죄에서 분리하려고 했습니다.

황소도 자기 소유주를 알고 나귀도 자기 주인의 구유를 알듯이 (사 1:3), 우리도 우리 마음을 위로하고 힘을 주는 진리가 무엇인지, 또 얼어붙은 우리 마음을 따뜻하게 해줄 가르침이 무엇인지 알지 못할 정도로 어리석지 않습니다. 오늘날에는 생쥐 한 마리도 위로하지 못할 가르침이 넘쳐납니다. 그런 가르침은 영원히 듣고 있어도 인생의 무거운 짐을 한 줌도 덜어주지 못합니다. 그런 가르침을 전하는 곳을 들락날락하는 사람들은 이렇게 말할지도 모릅니다.

> 그래, 좋은 가르침이었어. 하지만 그것이 삶의 무거운 짐을 지고 인생의 전쟁터에서 싸우는 사람에게 무슨 소용이지?

하지만 하나님의 영광스러운 복음을 들었을 때, 사람들은 좌절과 낙심에서 벗어나 이렇게 고백합니다.

> 주님께서 우리를 향해 놀라운 사랑을 보이셨으며 그분을 사랑

하는 자들을 위해 좋은 것들을 준비해 놓으셨으니, 이제 사는 것도 고통받는 것도 힘겹게 앞으로 나아가는 것도 모두 가치 있는 일이다.

주님의 말씀은 불과 같아서 주님을 따르는 백성의 마음을 위로하고 따듯하게 해줍니다.

또한, 하나님의 말씀은 바위를 산산조각 내는 망치와 같습니다. 망치를 사용하는 법을 배우기 위해서는 많은 교육을 받을 필요가 없습니다. 하지만 망치를 제대로 사용하기 위해서는 한 눈팔지 말고 오직 그것을 휘두르는 일에만 집중해야 합니다. 예를 들어, 돌을 부수려 하는 사람은 단단한 망치를 들고 그 돌이 부서질 때까지 있는 힘껏 내려치는 일만 계속해야 합니다.

형제여, 여러분이 설교할 때도 복음의 망치를 들고 있는 힘껏 내려쳐야 합니다. 〈아, 하지만 그 전에 망치의 외형을 개선해야만 합니다. 손잡이를 마호가니 나무로 바꿔야 합니다!〉라고 말하는 사람이 있을지 모릅니다. 마호가니 손잡이 같은 것에 신경 쓰지 마십시오. 그저 망치를 내려치는 일에 사용하십시오. 망치는 장식물이 아니라 중노동에 사용되는 도구입니다.

여러분이 복음을 있는 그대로 사용한다면 마치 바위를 부수는 것 같은 놀라운 결과를 얻을 것입니다.

아! 목사님 여기 매우 완고한 사람이 있습니다!

복음의 망치로 그를 내려치십시오.

하지만 그는 진리를 조롱하고 비웃습니다!

그가 무엇을 하든 신경 쓰지 말고 복음의 망치로 계속해서 내려치십시오.

하지만 어떤 이웃에게 수년간 복음의 망치로 내려쳤지만 아무런 변화도 없었습니다!

그래도 계속 내려치십시오. 이 망치는 지금까지 결코 실패한 적이 없습니다. 그저 계속해서 그것을 사용하기만 하십시오.

한 번에 이루어지는 일은 없습니다. 어쩌면 스무 번을 하더라도 마찬가지일 것입니다. 한 번, 두 번, 세 번, 스무 번을 내려쳐도 끄떡하지 않던 바위도 결국에는 굴복하게 될 것입니다. 매번 망치를 내려칠 때마다 바위는 조금씩 붕괴하고 있습니다. 비록 눈에는 보이지 않지만 거대한 바위는 내부적으로 변화되는 중입니다. 마침내 마지막 타격을 가했을 때 바위는 깨질 것입니다. 하지만 그 이전에 가했던 모든 타격이 마지막 순간에 바위가 깨질 수 있도록 공헌한 것입니다.

그러므로 몇 번이고 반복해서 예수 그리스도의 복음을 전하십시오. 그들의 굳은 마음은 몇 년이 지나도 변하지 않을 수도 있지만, 결국 마지막에 가서는 복음에 굴복하게 될 것입니다.

이제 불과 망치 두 개를 조합해 보십시오. 그러면 하나님께서 그분의 종을 도구로 쓰기 위해 어떻게 다루시는지 알 수 있을 것입니다. 하나님은 우리를 말씀의 불 가운데 집어넣으십니다. 그래서 우리를 녹이고 부드럽게 하고 복종하게 하십니다. 그런 다음 우리를 불에서 꺼내 망치로 두들겨 모양을 만드십니다. 하나님은 우리가 그분의 도구로서 적합하게 될 때까지 그분만이 하실 수 있는 방식으로 우리를 다루십니다. 그렇게 말씀의 불과 망치로 갈고 닦은 도구를 손에 들고 주님은 그분의 거룩한 정복 사역을 이루어 가십니다.

하나님의 율법으로도 변화되지 않았던 사람들이 값없이 베푸신 은혜와 죽기까지 사랑하신 복음으로 인해 마침내 그리스도께 돌아오는 것을 얼마나 많이 목격했습니까! 이 복음은 그리스도를 믿는 모든 죄인에게 완전하고 즉각적이고 철회되지 않는 용서가 주어진다는 것입니다! 이 복음은 불과 같이 죄인들의 모든 저항을 불태워 버립니다! 이 복음은 망치와 같이 인간의 완고함을 부수어 버립니다!

이것은 예수님의 보혈을 통한 대속의 복음입니다. 이것은 우리를 위해 이루어진 완전한 속죄의 복음입니다. 이것은 모든 죗값이 남김없이 지불되었고 누구든 예수님을 믿는 자는 율법과 죄책과 지옥에서 자유롭게 되었다고 선포하는 복음입니다. 이 복음의 선포는 인간의 마음을 불태워 그 안에 있는 죄의 중추를 파괴하여 그들로 하여금 그리스도께 기쁨으로 달려오도록 만듭니다.

그러므로 이 복음을 선포하십시오! 믿음으로 의롭게 되는 복음, 성령님에 의해 거듭나는 복음, 하나님의 한결같은 사랑과 인내의 복음을 선포하십시오. 은혜의 언약에 계시된 그대로 복되신 하나님의 영광스러운 복음을 온전히 선포하십시오. 그러면 여러분은 불과 망치에 걸맞은 사역을 하게 될 것입니다.

불과 망치 같은 하나님의 말씀을 자신에게 적용하기를 마쳤다면 이제 다른 사람에게도 그것을 적용해 보십시오. 자신의 삶에 한 번도 복음을 제대로 적용해보지 않고 소망 없이 포기하며 살아가는 사람이 이 세상에는 너무도 많습니다. 우리가 회심하지 않았다고 여기는 사람 중에서 아직 한 번도 말씀의 불과 복음의 망치를 경험해보지 못한 자들이 얼마나 많은지 모릅니다.

어떤 사람은 〈저는 한 사람을 교회로 데려왔습니다〉라고 말합니다. 그것은 칭찬할 만한 일입니다. 하지만 그 사람에게 그의 영혼에 관해 신실하게 이야기해 본 적이 있습니까?

글쎄요. 그런 적은 없는 것 같습니다. 그저 그에게 이러저러한 것들을 조금 말해줬을 뿐입니다.

그에게 명확하게 복음을 제시한 적이 있습니까?

제 생각에 그 사람은 그런 방식으로 접근해서 될 타입이 아닌 것 같습니다.

아, 알겠습니다! 당신은 불을 사용하지 않고 그를 태우고 망치를 들지 않고 바위 같은 그의 마음을 깨뜨리려 하고 있습니다. 사실상 당신은 그에게 복음의 불보다 더 낫고 복음의 망치보다 조금 더 부드러운 무언가가 필요하다고 믿고 있는 것입니다.

그에게 한번 오래된 복음의 망치를 시험해보지 않겠습니까? 그에게 한번 오래된 불을 시험해보지 않겠습니까?

저는 사람들이 〈그곳에서는 선한 일을 할 수가 없어〉라고 말하는 교회들에 관해 들은 적이 있습니다. 만일 그곳에서 옛날 방식대로 복음 설교가 선포되었다면 과연 어떤 일이 일어났을까요? 그들에게 휫필드가 전했던 것과 똑같은 진리가 선포되었다면 어떤 결과가 벌어졌을까요?

어떤 목회자가 교인들이 설교를 들어도 마음의 변화가 없다고 불평한다면, 저는 그에게 〈당신이 그들에게 영향을 주기 위해 전한 것이 정말로 복음이었습니까? 하나님의 말씀 그대로를 설교한 것이 맞습니까?〉라고 묻고 싶습니다. 우리의 말은 그저 벽에 던진 종이 뭉치와 같아서 그들에게 아무런 영향도 줄 수 없습니다. 하지만 하나님의 말씀은 거대한 대포알과 같아서 모든 장애물을 산산조각으로 부수어 버립니다.

우리가 어떤 사람한테 복음을 전할 때 항상 모든 진리를 온전히 전해야 하는 이유는 무엇일까요? 때로는 주일 학교에서도 아이들에게 〈온화하신 예수님을 사랑하라〉라는 식으로 가르치며 마치 그것이 구원받는 방법인 것처럼 이야기합니다. 어째서 그들에게 주 예수 그리스도를 믿으라고 이야기하지 않을까요? 어째서 사랑이 믿음을 대체하도록 할까요? 아이들에게도 어른에게 전하는 복음을 똑같이 전하십시오. 그들에게 같은 복음을 전하고 어떤 일이 벌어지는지 지켜보십시오. 다른 모든 곳에서도 이와 같이 하십시오.

어떤 사람은 이렇게 말합니다.

> 하지만 복음을 전하려고 하면 아무것도 시도할 수 없는 곳도 있습니다. 그런 곳에서는 먼저 사람들을 즐겁게 해야만 합니다. 그들을 위해 놀이와 여흥과 스포츠를 준비해야 합니다. 그들을 위해 게임과 연극과 공연을 해야 합니다.

좋습니다. 그런 식으로 해서 죄인들을 회심시킬 수 있다면 한번 해보십시오. 영혼을 구원하는 결과만 내놓는다면 저는 어떠한 방법도 반대하지 않습니다. 사람들을 구원할 수만 있다면 물구나무라도 서십시오. 하지만 제가 생각하기에는 불과 같은 하나님의 말씀처럼 그들의 마음을 불태울 수 있는 것은 없으며, 망치와 같은 하나님의 말씀처럼 예수 그리스도의 길을 방해하는 모든 것을 부술 수 있는 것은 없습니다. 그런데 어째서 이런 복음을 계속해서 전하지 않고 다른 방법을 찾으려 합니까?

하지만 가난한 사람들은 불결합니다. 우리는 그들의 위생 상태를 개선해 주어야 합니다.

물론 그렇게 해야 합니다. 가능한 한 빨리 그들의 위생 상태를 개선해 주십시오. 그런 일은 많이 할수록 좋습니다. 불결한 사람과 더러운 장소를 개선하는 데는 비누와 페인트 만한 것이 없습니다. 하지만 여러분이 아무리 그들을 씻기고 그들의 집에 페인트를 칠하더라도 그리스도의 복음이 없이는 그들의 영혼을 구원할 수 없습니다. 그들이 더이상 술 취하지 않는 모습을 볼 수는 있을 것입니다. 그리고 되도록 많은 사람이 그렇게 되었으면 합니다. 가능한 많은 사람이 술을 끊도록 도와주십시오. 그것이 그들에게 유익이 될 것입니다. 하지만 그 정도에서 만족한다면 사실상 그들에게 아무것도 해주지 않은 것이나 다름없습니다. 그들에게 복음을 전하십시오! 복음을 전하십시오! 복음을 전하십시오!

바울이 활동하던 시기에 세상을 향해 복음이 선포되었을 때, 당시는 로마 제국의 압제로 인해 자유가 박탈당하고 온갖 혐오스러운 것이 세상을 썩게 만들어 하나님께 악취를 풍기던 시기였음에도 불구하고, 바울은 오직 예수 그리스도와 그분의 십자가에 달리심만 전하였으며 사람들은 그것을 기쁘게 듣고 예수 그리스도를 믿었습니다.

이윽고 로마 제국의 거짓 신들과 잔혹한 폭정은 무너지고 세계의 넓은 지역이 복음으로 가득하게 되었습니다. 그러한 일이 다시 한번 일어나야만 하며, 반드시 그렇게 될 것입니다. 하지만 그것은 분명 초대 교회 시대와 마찬가지로 오직 여호와의 말씀에 의해서 이루어질 것이란 사실을 잊어서는 안 됩니다. 우리가 말씀으로 빨리 돌아갈수록 그 시기는 더욱 앞당겨질 것입니다. 우리가 다른 모든 것을 던져버리고 오직 단순하게 말씀만을 선포할 때 우리 하나님과 그리스도의 승리는 더욱 빠르고 확실하게 다가올 것입니다.

여우들을 조심하라

우리를 위해 여우들, 곧 포도원을 망치는 작은 여우들을 잡아 주소서. (아 2:15)

최근에 예수 그리스도께로 돌아온 젊은 친구들이여, 우리 주위에는 여우들이 득실거리니 조심하기 바랍니다. 우리는 여우가 들어오지 못하도록 최선을 다해 울타리의 구멍을 메우려 하지만, 그들은 매우 교활하여 어떻게든 몰래 들어올 때가 있습니다. 동양의 여우는 서양의 여우보다 훨씬 작고 영리하고 흉포해서 포도원을 엉망으로 만들어 놓는 일을 굉장히 잘합니다.

영적인 포도원을 망치는 여우에는 매우 다양한 종류가 있습니다. 첫째는 모든 일에 〈비판을 늘어놓는 자〉입니다. 그는 할 수만 있다면 포도원을 망쳐 놓을 것이며, 특히 막 열리기 시작한 포도가 있는 포도원을 엉망으로 만들 것입니다. 그는 젊은 신자들의 흠을 발견할 때마다 그것을 지적합니다. 여러분은 단순히 그리스도를 믿음으로 구원을 얻는다는 사실을 알 것입니다. 하지만 이 사람들은 여러분에게 〈당신은 완벽과는 거리가 멀기 때문에 하나님의 자녀가 아닙니다〉라고 말합니다. 오직 완벽한 사람만이 하나님의 자녀가 될 수 있다면 이 세상에 하나님의 자녀는 한 사람도 없을 것입니다.

이처럼 과도하게 비판하는 사람들은 여러분의 삶과 성품에 이런저런 흠을 찾아낼 것입니다. 자신에게 불완전한 부분이 많다는 것은 여러분도 충분히 잘 알 것입니다. 그런 부분을 그 사람들이 발견하면 곧바로 지적할 것입니다. 그리고 〈당신에게는 은혜가 전혀 없는 것 같군요〉라고 말할 것입니다. 여러분이 그리스도인이 된 것 자체가 하나님의 은혜로 말미암은 것인데도 말입니다. 그들은 여러분도 모르는 흠을 발견해낼지도 모릅니다. 어쩌면 여러분은 불의의 사고로 갑작스레 죄를 지을 때도 있을 것입니다. 그들은 심지어 함정을 파고 여러분이 걸려들도록 유도할지도 모릅니다. 여러분이 화를 내도록 도발한 다음에 〈당신은 예수님을 따른다고 고백했지요? 당신의 신앙은 겨우 그 정도인가요?〉라고 말할 것입니다. 부디 하나님께서 이 잔혹한 여우들에게서 여러분을 구해주시길 바랍니다!

하나님은 여러분으로 하여금 그들에게 관심을 기울이지 않도록 함으로써 여러분을 구해주실 것입니다. 결국 이것은 모든 그리스도인이 겪어온 시련입니다. 여러분이 그들에게 시달리는 것은 결코 특이한 일이 아닙니다. 그들은 여러분의 재판관이 아닙니다. 그러므로 그들이 여러분을 정죄한다고 해서 여러분이 정죄받는 것은 아닙니다. 가서 주님을 섬기는 일에 최선을 다하십시오. 그리스도를 신뢰하고 그들이 하는 말에 신경 쓰지 마십시오. 그러면 여러분은 이런 종류의 여우들에게서 구출될 것입니다.

그런데 그것보다 더 안 좋은 여우가 있습니다. 바로 〈아첨하는 자〉입니다. 그는 능글맞게 웃으며 다가와 여러분의 믿음을 칭찬하며 여러분이 얼마나 독실한 사람인지 이야기합니다. 실제로 여러분은 독실한 사람일 것이며, 그래서 그는 여러분이 기독교 교리에 지나치게 엄격하고 정확하다고 생각합니다. 그는 자신이 기독교를 온전히 믿는다고 말하지만 여러분이 보기에 그의 삶은 그렇지 않은 것 같습니다.

그런데 그는 사람들이 너무 의롭게 되는 것을 원치 않는다고 말합니다. 그는 자신이 어느 정도 허용해도 괜찮은 선을 그어 놓았다고 합니다. 그리고 그는 여러분의 선이 십자가에 너무 가까운 곳에 그어졌다고 생각합니다. 그는 이렇게 말합니다.

> 당신은 조금 더 세속적인 것을 허용해도 괜찮습니다. 지금처럼 하면 인생을 제대로 살 수가 없습니다. 당신이 사회에 머물러 있지 않는다면 결국 이 세상에서 쫓겨나게 될 것입니다. 어째서 자신은 그렇게 남들보다 우월하다고 생각합니까?

저는 그가 다음에 무엇을 할지 압니다. 그는 여러분을 불경건한 자들의 무리로 다시 데려가기를 원합니다. 사탄은 여러분을 그리워하며 여러분이 다시 돌아오기를 기다립니다. 그는 아첨꾼을 보내 여러분을 꾀어 가능하면 예전처럼 자신에게 속박되게 하려 합니다. 그런 여우에게서 당장 도망치십시오! 여러분이 거룩함을 추구하는 일에 지나치게 엄격하다고 말하는 사람이 있다면 그에게 함께 어울리고 싶지 않다고 확실하게 말하십시오.

이 세상에 지나치게 거룩한 사람은 없으며, 그리스도를 지나치게 닮거나 죄를 너무 엄격하게 피하는 사람도 없습니다. 누군가 여러분이 지나치게 청교도적이라고 말할 때마다 항상 이 여우들을 떠올리십시오. 차라리 우리 모두 더욱 청교도적이고 엄격한 편이 낫습니다. 우리 아버지께서 〈내가 거룩하니 너희도 거룩하라〉(벧전 1:16)라고 말씀하시지 않았습니까? 우리 주 예수님께서 그분의 제자들에게 〈그러므로 하늘에 계신 너희 아버지께서 완전하신 것처럼 너희도 완전하라〉(마 5:48)라고 말씀하시지 않았습니까?

그다음으로 〈세속적인 지혜자〉라는 여우가 있습니다. 그들은 이렇게 말합니다.

> 당신은 그리스도인이긴 하지만 어리석은 자가 되지는 마십시오. 당신이 믿는 종교에서 최대한 이득을 얻으십시오. 만일 당신이 손해를 본다면 그것을 그만두십시오. 이것은 상거래의 관습입니다. 저도 그것이 옳지 않다는 것을 알지만 다른 사람도 하니까 당신도 그렇게 하십시오. 그렇지 않으면 당신은 결코 사업에 성공하지 못할 것입니다.

그들은 계속해서 이렇게 말합니다.

한두 번 거짓말을 하거나 광고를 조금 과장해서 하는 것은 크게 대수로운 일이 아닙니다. 다른 사람도 모두 그렇게 하는데 당신이 하지 말아야 할 이유가 무엇이 있겠습니까? 그러면 손님들이 모르게 더 많은 이득을 취할 수 있을 것입니다. 그것이 상거래의 관습입니다. 다른 사람들도 그런 식으로 하며, 그것은 관습이기 때문에 당신도 당연히 그렇게 해야 합니다.

이 모든 말에 저는 그것 말고 다른 관습도 있다고 대답하겠습니다. 바로 하나님께서 거짓말쟁이를 모두 지옥에 보내신다는 관습입니다. 여러분이 하나님의 법과 규칙에 의해 심판받게 되지 않도록 주의하십시오. 하나님께는 또 다른 관습이 있는데, 바로 동료들에게 정직하지 않게 행하는 위선자들을 베어 넘어뜨리는 것입니다. 그저 관습이었을 뿐이라는 변명은 그리스도의 심판대 앞에서 통하지 않을 것이며, 우리도 그런 말에 휘둘리지 않을 것입니다. 신앙생활 초기에 주의를 기울이지 않는다면 많은 청년이 이런 여우에게 물려서 영적인 불구가 되어 제대로 걷지 못하게 될 것입니다.

또 다른 추악한 여우로는 〈의심의 여우〉가 있습니다. 그는 가만히 다가와 이렇게 묻습니다.

당신은 매우 즐겁고 행복해 보입니다. 하지만 정말로 그렇습니까? 당신은 분명 예전과는 많이 다른 사람 같아 보이지만 정말로 회심이란 것이 존재하기는 합니까?

이 여우는 모든 교리를 야금야금 뜯어먹기 시작합니다. 그는 심지어 여러분의 성경도 뜯어먹으며, 여러분에게서 몇몇 장과 절을 빼앗으려고 합니다. 부디 하나님께서 이 모든 여우로부터 청년들을 구해주시길 바랍니다!

또, 주의해야 할 여우는 〈악한 교리의 여우〉입니다. 그들은 대부분 우리 청년들을 망치려고 노력합니다. 제가 생각하기에 지금은 저의 믿음을 바꾸려고 시도하는 사람은 아무도 없는 것 같습니다. 언젠가 누가 다른 사람과 논쟁을 벌이고 있을 때 제가 그에게 〈왜 저는 설득하려고 시도하지 않습니까?〉라고 물었습니다. 그는 〈아, 당신은 상태가 좋지 않아 포기했습니다. 당신을 설득하려고 해도 전혀 소용이 없습니다〉라고 대답했습니다. 이것이 우리가 철저하게 진리의 확신을 지니고 있을 때 나오는 반응입니다. 그들은 우리가 너무도 어리석어서 그들의 지혜를 배울 수 없다고 말하며 우리를 포기합니다. 실제로 우리는 살아 있는 동안 절대로 그들의 지혜를 배울 생각이 없습니다.

하지만 그들은 젊은 친구들에게는 우리와 다른 식으로 접근합니다. 그들은 살며시 다가가 이렇게 말합니다.

> 당신은 매우 생각이 넓고 열린 마음을 지닌 교양인이군요. 당신 같은 분이 현대의 흐름과 동떨어진 낡은 신념에 매달려 있다는 사실이 참으로 안타깝습니다.

어리석은 청년들은 이 말을 듣고 자기가 매우 대단한 사람인 줄로 착각하며 교만해집니다.

어떤 사람이 자신의 교양에 관해 이야기하고 자신이 얼마나 진보된 사람인지 자랑할 때 우리는 그에 대한 진실을 의심해 보아야 합니다. 어떤 사람이 자기는 할 생각도 없는 선한 일을 하는 다른 사람을 낡고 구식이라며 비웃는다면, 그는 존경심이 부족한 사람으로서 책망받아 마땅합니다. 이런 똑똑한 사람들은 제가 알기로는 대부분 그저 얕은 지식만 갖추었을 뿐이며 겉으로 뽐내는 것만 잘하고 실제로 그 속은 텅 비었습니다.

그렇지만 지식인 중에는 더러 이런 악한 여우들보다 훨씬 다양한 지식을 쌓았으면서도 옛 복음을 굳게 붙들고 자신의 업적을 자랑하지 않는 사람도 있습니다. 그래서 저는 청년들이 모든 지식인을 이단자로 치부하는 주장에 휩쓸리지는 않았으면 합니다. 오히려 반대로 겉으로만 아는 척하고 실제로는 얕은 지식을 갖춘 자들이 이단적인 사상을 추구하는 경우가 많습니다. 이런 여우들을 멀리 쫓아버리십시오. 그렇지 않으면 그들은 이제 열리기 시작한 연한 포도들을 상하게 할 것입니다.

여러분에게 영적인 삶의 징조가 보이고 여러분의 가지에 연한 포도가 자라나기 시작하면, 마귀와 그의 여우들은 어김없이 여러분에게 다가올 것입니다. 그러므로 제가 다루고 있는 아가서 본문에 꾸준히 언급되는 두 인물, 곧 왕과 그의 신부에게 최대한 가까이 붙어 있으려고 노력하십시오.

우선 왕이신 그리스도께 최대한 붙어 있으십시오. 그것이 여러분에게 생명이 될 것입니다. 다음으로 그분의 백성에게 최대한 붙어 있으십시오. 그것이 여러분에게 위로가 될 것입니다. 주님과 오래 알고 지내온 나이 든 그리스도인과 어울리며 그들에게 배우십시오. 여러분보다 오래 천국으로 가는 길을 걸어온 자들에게 하나님을 위해 사는 법을 배우십시오.

시온으로 가는 순례자는 무리를 지어 천국으로 향해야 합니다. 그럴 때 그들보다 앞서가던 〈담대한 이Great-heart〉(천로역정의 등장인물)와 만나 무시무시한 적에게서 보호를 받고 천성까지 안전하고 행복하게 여행을 이어갈 수 있습니다. 그렇지 않으면 근심과 걱정에 짓눌릴지도 모릅니다.

하나님의 백성과 가까이 붙어 있으십시오. 그들이 누구든지 간에 젊은 신자들에게는 최고의 동료가 될 것입니다. 어떤 그리스도인은 천로역정의 크리스천처럼 홀로 천국 길을 걷기 시작할지도 모릅니다. 하지만 그러면 동료 신자들과 함께했을 때 누릴 수 있는 위로를 많은 부분 놓치게 됩니다. 특히 젊은 신자들은 크리스티아나와 그녀의 자녀들처럼 깃발을 들고 천성으로 행진하는 주님의 군사들과 함께 여행하는 편이 좋을 것입니다.

선한 일에는 시간이 걸린다

> 나의 교훈은 비처럼 내리고, 내 말은 이슬처럼 맺히며, 연한 풀 위에 내리는 가랑비 같고 채소 위에 내리는 소나기 같을 것이다. (신 32:2)

우리는 모두 각자의 능력에 따라 복음을 가르치는 자가 되어야 합니다. 그리고 복음을 가르칠 때는 마치 연한 풀 위에 내리는 가랑비처럼 해야 합니다. 여러분은 어쩌면 〈저는 제 안에 있는 것이 별로 없기 때문에 크게 노력하지 않아도 당연히 가랑비 같을 것입니다〉라고 말할 것입니다. 그 말이 맞을지도 모릅니다. 하지만 가랑비는 가랑비 나름의 역할이 있습니다.

어떻게 하면 그 역할을 감당할 수 있을까요? 그것은 바로 매일 조금씩 꾸준히 내리는 것입니다. 정원사들에게 물어보면 대부분 짧은 시간 동안 쏟아붓는 소나기보다 오랜 시간 조금씩 내리는 가랑비가 더 많은 일을 한다고 말할 것입니다. 꾸준히 내리는 비는 땅속을 파고들어 축축이 적시며 오랫동안 머물러 있습니다.

한 번에 크게 선심 쓰는 행동을 하는 것보다 작은 친절을 자주 베푸는 것이 더 확실하게 사랑하는 사람의 마음을 얻을 수 있습니다. 여러분이 한 번에 많은 복음의 진리를 이야기할 수 없다면 그것을 조금씩 꾸준히 이야기하십시오. 여러분이 군사들을 위해 군량미를 실어 나르는 일을 못 한다면, 그 대신 닭들에게 한 줌씩 모이 주는 일이라도 하십시오. 여러분이 이전 시대의 깊이 있는 설교자처럼 사람들에게 교리 전체를 가르칠 수 없다면, 적어도 여러분이 주님께 배운 것을 다른 사람에게 이야기할 수는 있을 것입니다. 그런 다음 주님께서 여러분에게 더 많은 것을 가르쳐 주시길 기도하십시오.

여러분이 배운 대로 가르치고, 받은 대로 주고, 얻은 대로 나누십시오. 연한 풀 위에 내리는 가랑비처럼 되십시오. 사람들을 그리스도께 데려오려 할 때 한꺼번에 너무 많은 것을 시도하려고 하지는 않습니까? 로마는 하루아침에 건국되지 않았습니다. 그리고 여러분의 이웃도 겨우 일주일 만에 구원되지 않을 것입니다. 사람들이 복음을 처음 듣자마자 받아들이는 경우는 거의 없습니다.

사람들의 마음이 예수님을 받아들이게 하는 것은 마치 나무를 쪼개는 것과 같습니다. 처음에는 작은 틈이 벌어지고 점차 그 틈이 커지면서 결국에는 쪼개지게 됩니다. 한 번에 강제로 회심시키려 하면 강하게 저항하고 상처만 남을 뿐입니다. 처음에는 몇 마디 말로 좋은 인상을 남기는 것이 좋습니다. 하루에 한두 마디 말로 만족하십시오. 곧 안전하게 더 많은 말을 할 수 있게 되고 나중에는 일주일에 한 번 정도 신앙에 관해 긴 대화를 나누게 될 것입니다. 얼마 지나지 않아 여러분 눈앞에서 거칠게 문을 닫아버리던 이웃은 여러분을 반갑게 맞이하게 될 것입니다. 만일 처음부터 강압적으로 접근했다면 아마도 이후의 좋은 기회들은 전부 사라지고 말았을 것입니다.

말을 많이 하는 것보다 적절한 타이밍에 한마디를 하는 것이 훨씬 도움이 됩니다. 침묵하고 잠잠히 있는 것이 말하고 행동하는 것 못지않게 지혜로울 때도 있습니다. 시간은 성공의 훌륭한 재료입니다. 때에 맞지 않는 말은 우리의 열정은 보여줄지 몰라도 늘 적절한 것은 아닙니다.

> 너는 말씀을 전하라. 때를 얻든지 못 얻든지 항상 힘써라. 오래 참음과 교훈으로 책망하고 꾸짖고 권면하라. (딤후 4:2)

우리는 때를 얻든지 못 얻든지 항상 말씀을 전하는 일에 힘써야 합니다. 하지만 이것이 쉴 새 없이 떠드는 것을 의미하지는 않습니다.

저는 영혼 구원을 위해 노력하는 모든 사람에게 연한 풀 위에 내리는 가랑비처럼 될 것을 권하고 싶습니다. 비는 시절을 따라 환경에 맞게 내립니다. 비는 불타는 태양이 내리쬐는 동안에는 내리지 않습니다. 그렇지 않으면 식물이 빛을 쬐지 못해 죽을 것입니다. 또한, 쉬지 않고 내리지도 않습니다. 그렇지 않으면 식물이 상처를 입을 것입니다. 아무리 훌륭한 진리라도 적절치 않은 상황에서 사람들에게 쉬지 않고 말하거나 강력히 권고하는 것은 자제하십시오. 그렇지 않으면 여러분이 설득하려는 상대를 오히려 지치게 할 것입니다. 가만히 주님의 인도하심을 기다리다 보면, 주께서 비를 내리실 때처럼 꼭 필요한 시기에 여러분을 보내실 것입니다. 여러분을 하나님 손에 맡기면 때와 장소에 맞게 여러분의 길을 인도해주실 것입니다.

부드러운 비는 풀 속에 스며들어 영양분을 공급하고 생기를 되찾게 해줍니다. 비의 역할은 풀을 마르게 하거나 물에 잠기게 하는 것이 아니라, 영양을 공급하고 되살리고 생기를 불어넣는 것입니다. 이것이 모세가 목표로 했던 것입니다. 이것이 그리스도의 모든 진정한 설교자들이 목표로 했던 것입니다. 우리가 원하는 것은 우리가 전하는 말씀이 듣는 이의 영혼 깊숙이 스며들어 거룩한 열매를 맺게 하는 것입니다.

그런데 어째서 어떤 사람들은 연한 풀 위에 내리는 가랑비의 진가를 알아차리지 못할까요? 제가 생각하기에는 그들에게 내리는 비가 너무 어려워서 이해하지 못했기 때문일 것입니다. 아무리 설교를 들어도 설교자가 하는 말이 무슨 의미인지 알아듣지 못한다면 그것이 무슨 소용이 있겠습니까? 설교자가 어려운 전문 용어를 사용하며 신학적이고 철학적인 내용과 헬라어, 히브리어로 가득한 설교를 한다면 듣는 사람은 시간을 낭비하는 것이고 설교자는 헛수고만 하게 될 것입니다.

어떤 사람이 저에게 〈제가 다니는 교회에는 성경이 필요 없고 오히려 사전을 들고 가야 합니다. 그렇지 않으면 무슨 말을 하는지 도무지 알아들을 수가 없습니다〉라는 말을 했습니다. 우리에게는 이런 일이 없기를 바랍니다! 사람들이 우리가 하는 말을 알아들을 수 없는데 어떻게 그들이 말씀을 깊이 들이마실 수 있겠습니까?

너무 높이 있어 시야에 들어오지 않는 음식은 먹을 수 없습니다. 신학이 발전하는 것은 매우 좋은 일이지만, 그것은 어려운 신학 용어를 이해할 수 없는 불쌍한 영혼들에게는 아무런 소용이 없습니다. 구름이 머금고 있는 물은 연한 풀이 마실 수 없습니다. 그 물이 비가 되어 땅으로 내려와 풀의 잎사귀와 뿌리를 적셔주어야 합니다. 비가 땅으로 내려오지 않으면 풀이 어떻게 그것을 마실 수 있겠습니까? 베르사유 궁전에 있는 분수는 매우 웅장하지만, 창틀에 놓인 작은 화분에게는 어린아이의 손에 들린 한 잔의 물이 더 유용할 것입니다.

나의 교훈은 연한 풀 위에 내리는 가랑비 같다. (신 32:2)

지혜로운 사람들은 어떤 일의 열매를 맺으려 할 때 항상 목적에 꼭 맞는 방법을 채택하여 일에 착수합니다. 모세는 그가 연한 풀이라고 표현한 이스라엘 백성에게 축복의 연설을 할 때

마치 가랑비가 내리는 것처럼 했습니다. 그는 열매를 맺기 위해 대상의 수준에 맞춰 말하는 방식을 적절히 조정했습니다.

저는 맞든지 안 맞든지 일단 시도해 보는 스타일을 좋아합니다. 이 스타일대로 하면 선한 일을 하려고 할 때 어떤 방식이 가장 적합한지 생각하지 않아도 됩니다. 복음을 전하고 싶으면 복음을 전하고, 설교를 하고 싶으면 설교를 합니다. 회중이 영적으로 부족한 부분이 무엇인지, 어떤 진리가 가장 유익을 줄지 고민하지 않고 일단 시도해보는 것입니다. 여러분도 잘 모르겠을 때는 맞든지 안 맞든지 일단 시도해 보십시오!

그런데 모세처럼 열매 맺는 것을 목적으로 하는 사람은 무언가를 하기 전에 먼저 원하는 결과를 얻기에 적합한 방법을 곰곰이 생각할 것입니다. 만일 자신이 양육하는 사람들이 강건한 자들이라면, 그는 그들에게 우유를 먹이는 것이 아니라 질 좋은 고기를 먹일 것입니다. 이처럼 영적인 음식을 진지하게 준비하는 것을 보면 그가 얼마나 자기 사람들을 먹이기 위해 신경을 쓰는지 알 수 있습니다. 식물에 물을 줄 때도 마찬가지입니다. 어떤 사람이 연한 풀에 물을 줄 때 좋은 결과를 얻기 원한다면 그것이 흠뻑 젖도록 주지는 않을 것입니다. 만약 그렇게 한다면 그것은 전혀 열매를 얻기 위한 목적이 아니라 그저 일상적인 업무를 반복하는 것에 불과할 것입니다. 하지만 모세는 자기가 하려는 일이 무엇인지 알았습니다. 그는 자기가 이끄는 백성이 연한 풀과 같다는 사실을 알고 그들에게 맞추어 가랑비와 같은 연설을 했습니다.

우리도 그와 같이 한다면 어떤 결과를 얻게 될까요? 우리 가운데 연한 풀과 같이 새롭게 심긴 젊은 회심자가 있을 때 그들에게 부드럽고 온유하게 이야기하면, 그들의 뿌리가 진리를 빨아들일 것이고 그들은 점점 자라나 열매를 맺게 될 것입니다. 바울은 심고 아볼로는 물을 주었습니다.

> 나는 심었고 아볼로는 물을 주었으나 하나님께서 자라게 하셨다. (고전 3:6)

아볼로는 어째서 물을 주었을까요? 풀을 심은 다음에는 반드시 물을 주어야 뿌리가 더욱 깊게 자라나기 때문입니다.

이제 막 거듭난 삶을 시작한 연약한 형제를 강건하게 하기 위해 여러분의 풍부한 경험이 사용된다면 얼마나 기쁜 일이겠습니까! 여러분의 지혜로운 조언은 가랑비처럼 연한 풀 위에 내릴 것이며 여러분은 자상한 아버지로서 존경과 사랑을 받게 될 것입니다. 그들은 그리스도를 굳게 붙잡고 말씀의 토양에 저장된 영양분을 듬뿍 섭취하여 무럭무럭 자랄 것입니다.

갓난아이처럼 말씀의 순전한 젖을 바라라. 그것으로 인해 너희가 자라난다. (벧전 2:2, KJV)

여러분의 말이 연한 풀 위에 내리는 가랑비와 같을 때 연약해서 쓰러지던 자들이 다시 살아나 고개를 들어 올립니다. 풀은 처음에는 시들어갑니다. 이제 막 심긴 식물은 약해지고 기울어져 점차 죽어갑니다. 하지만 가랑비가 내려면 〈고맙습니다〉라고 말하는 듯이 고개를 들어 올려다보며 연약함에서 회복합니다.

여러분은 영적으로 연약하고 낙심한 심령이 소생하는 것을 볼 것입니다. 여러분은 위로자가 되어 많은 사람의 두려움을 쫓아내고 쇠약한 자들에게 기쁨을 줄 것입니다. 세상에는 기쁨이 더욱 충만하고 하나님은 더 큰 영광을 받으실 것입니다. 그런 결과를 보는 것이 얼마나 복된 일입니까!

여러분이 물을 준 연한 풀이 자라는 모습을 지켜보는 것은 여러분에게 큰 보상이 됩니다. 우리가 보살피고 있는 자들이 성장하고 그들 안에 은혜가 풍성해지는 모습을 지켜보는 것은 참으로 즐겁습니다. 특히 저는 그것을 통해 지금까지 매우 큰 기쁨을 얻고 있습니다. 제가 직접 경험한 것들을 예로 들어보겠습니다. 분명 여러분 중에 많은 이들이 저와 같은 경험을 할 것이라고 믿어 의심치 않습니다. 한때 저의 돌봄을 필요로 했던 젊은 회심자들이 이제는 하나님을 섬기며 영광스럽게 복음을 전하는 사람들이 된 모습을 보는 것은 저에게 큰 기쁨이 됩니다. 저의 지인 중에는 20~25년 전에는 구원의 확신이 없어서 예수님에 관해 한마디도 하지 못했는데 지금은 교회의 지도자나 집사가 된 사람이 많습니다. 한때 연약하고 불쌍한 양이었던 자들이 이제는 무리를 이끄는 지도자가 된 모습을 보는 것이 저는 너무도 즐겁습니다. 예전에는 제가 그들을 가슴에 품고 다녔는데 이제는 그들이 저를 데리고 다녀야 할 것 같습니다. 저는 기꺼이 그들의 발치에 앉아 즐겁게 배울 것입니다.

우리가 물을 준 식물은 자라나서 열매를 맺고 사람들에게 기쁨을 주기 위한 준비를 갖춥니다. 이처럼 우리는 하나님께서 우리를 통해 축복을 베푸신 자들이 거룩함과 인내와 순종의 열매를 맺어 주님의 기쁨이 되는 것을 볼 것입니다. 주님의 기쁨은 그분의 백성 가운데 있습니다. 그리고 주께서 그분의 백성으로 인해 기뻐하실 때 그들의 기쁨 또한 충만해집니다.

자존심을 내려놓고 가랑비가 되도록 하십시오. 위대한 일은 할 수 없어도 작은 일에 유용한 자가 되십시오. 가랑비의 역할을 감당하는 것은 매우 큰 축복입니다. 작은 일에 유용한 가랑비가 되십시오. 연한 풀을 돌보십시오. 아이들을 예수님께 인도하는 자가 되십시오. 주님의 오른손이 심은 연한 풀, 곧 소심하고 떨고 소망이 없어 두려워하는 연약한 은혜의 어린아이들을 돌보십시오.

오늘날의 급박함

그들이 서로 말하길, 〈우리가 잘하고 있지 않다. 오늘은 좋은 소식이 있는 날인데도 우리가 침묵을 지키고 있다. 만일 우리가 아침 해가 뜰 때까지 지체하면 우리에게 벌이 내릴 것이다. 그러므로 이제 가서 왕궁에 이 사실을 알리자〉라고 하였다. (왕하 7:9)

아람 진영을 방문한 하나님은 홀로 아람의 전군을 물리치셨습니다. 아람 군대는 한 명도 빠짐없이 도망쳤습니다. 비록 굶주린 사마리아 백성은 그 사실을 알지 못했지만 주님은 그들의 굶주림을 해결하기 위해 풍성한 식량을 마련하셨습니다. 그 식량은 성문에서 불과 돌 하나를 던져서 닿을 거리에 있었습니다. 주님께서 그 일을 하셨습니다. 주님께서 자신의 거룩한 오른팔을 들어 승리를 쟁취하셨습니다. 비록 이스라엘 백성은 아무것도 몰랐지만 주님은 그들의 궁핍함을 채울 것을 준비해 놓으셨습니다. 이 나병 환자들은 적군이 도망친 것을 발견하고 노략물을 챙기는 일에 심취했습니다. 그들에게는 좋은 소식을 알려야 할 임무가 부여되었으며, 만일 그것을 숨긴다면 그들은 큰 죄를 범하는 것이었습니다.

물론 이 세상에 자기가 마땅히 해야 할 선한 일을 모두 수행한 사람은 없습니다. 만일 누군가 그런 사람이 있다고 말한다면 저는 그의 말을 믿지 않을 것입니다. 이 점에 관해서는 더 이상 말할 필요는 없을 것 같습니다. 하지만 그렇더라도 우리는 최대한 우리가 해야 할 일을 하지 않는 죄를 짓지 않도록 노력해야 합니다. 여러분이 주님을 알면서도 사람들 앞에서 그분의 이름을 고백한 적이 없다면 잘하고 있는 것이 아닙니다. 여러분이 어떤 모임에 속해 있으면서 그곳에서 그리스도를 위해 목소리를 내지 않는다면 잘하고 있는 것이 아닙니다. 여러분이 다른 사람에게 복음을 전할 기회가 있는데도 그렇게 하지 않으면 잘하고 있는 것이 아닙니다. 심지어 상대가 어린아이라 할지라도 복음을 전할 기회가 있다면 그렇게 해야 합니다.

그것은 양심의 큰 가책을 느끼게 하여 결국에는 〈우리가 잘하고 있지 않다〉라고 고백하게 만듭니다. 그것이 열매 맺지 않은 무화과나무가 베어 넘어진 이유입니다. 포도원 지기는 〈그것이 신 열매를 맺었으므로 베어버려라〉라고 말하지 않았습니다. 그 무화과나무는 전혀 열매를 맺지 않았습니다. 중요한 점은 그것이 그저 자리만 차지할 뿐 자기가 마땅히 해야 할 일을 하지 않았다는 사실입니다.

만일 본문에 나오는 나병 환자들이 좋은 소식을 전하지 않고 입을 다물었다면 그들은 사실상 악을 행한 것이나 마찬가지였을 것입니다. 그들이 24시간만 침묵을 지키고 있었더라도 사마리아 성벽 안에서는 수백 명의 사람이 굶주려 죽었을 것입니다. 그렇게 사람들이 죽었다면 나병 환자들에게 그 핏값에 대한 책임이 없을까요? 여러분은 그렇게 생각하지 않습니까? 자기가 해야 할 일을 하지 않고 게으름 피운 것이 총을 쏘거나 칼로 찌른 것과 똑같이 사람을 죽게 할 수 있지 않을까요?

여러분의 이웃 중에 구세주를 알지 못하고 멸망하는 사람이 있는데 그들에게 한 번도 주님을 알려줄 노력조차 하지 않는다면, 과연 마지막 날에 여러분에게 그 책임이 없겠습니까? 여러분이 그리스도를 전할 수 있는데도 그분을 알지 못하여 영원한 파멸에 떨어지게 되는 사람이 주변에 있다면, 마지막 날에 하나님께서 모든 사람의 핏값을 물으실 때 여러분이 그것에서 자유로울 수 있겠습니까?

이 나병 환자들이 침묵을 지켰다면, 그들은 지극히 큰 잘못을 저지른 것이나 마찬가지입니다. 하지만 그들이 어떻게 처신했는지 보십시오. 그들은 〈우리가 잘하고 있지 않다. 오늘은 좋은 소식이 있는 날인데도 우리가 침묵을 지키고 있다〉라고 말했습니다. 예수님께서 여러분의 죄를 씻겨주셨는데 여러분은 침묵을 지키고 있지는 않습니까?

저는 보혈을 통해 처음으로 하나님과 화목하게 되었던 그 날을 기억합니다. 저는 그 사실을 다른 누군가에게 말하지 않고는 배길 수가 없었습니다. 제 안에서 우러나오는 목소리를 주체할 수 없었습니다. 여러분은 주님 안에서 영원한 구원을 얻었으면서 그 축복을 혼자서만 간직할 수 있습니까? 땅과 나무들이 입을 벌려 여러분을 꾸짖는 소리가 들리지 않습니까? 어떻게 하나님의 놀라운 은혜를 맛보고도 그것을 다른 사람에게 한마디 언급도 하지 않을 수 있습니까?

그런 소심한 성격을 극복하십시오. 〈나는 도저히 잠잠히 있을 수가 없다. 나는 위대하신 구세주의 증인이 되지 않고는 배길 수가 없다〉라고 외치십시오. 저는 도저히 제 혀를 가만히 놔둘 수가 없으며 제가 말을 할 수 있는 한 결코 잠잠히 있지 않을 것입니다.

> 주님의 상처에서 흘러넘치는 샘물을
> 제가 믿음으로 본 그날 이후로
> 구속의 사랑은 제 노래의 주제가 되었으며
> 제가 죽는 날까지 계속해서 그럴 것입니다!

예수님의 놀라운 사랑을 발견한 여러분 모두는 하나님의 교회에서 해야 할 일이 있습니다. 나병 환자들이 왕궁에 좋은 소식을 알렸듯이 여러분도 형제 그리스도인들에게 좋은 소식을 전하십시오. 새롭게 회심한 자들의 간증은 하나님의 교회를 매우 신선하게 해줍니다. 저는 우리처럼 50년 이상 믿음 생활을 한 사람들이 화석처럼 굳어지는 것이 염려됩니다. 그런 의미에서 새신자들의 신선하고 생생한 간증을 듣는 것은 마치 갓난아이의 울음소리를 듣는 것처럼 즐겁고 복된 일이라 할 수 있습니다. 그것은 우리의 피를 끓게 하고 영혼을 깨어나게 함으로써 하나님의 교회를 유익하게 합니다.

그뿐 아니라 우리는 세상을 향해서도 그리스도를 확실히 증거해야 합니다. 십자가의 군병이 자기가 어느 편인지 확실히 밝히지 않는다면 그 우유부단함 때문에 동료를 모두 잃어버릴 수 있습니다. 그리스도께 나아온 사람에게 가장 필요한 것은 자기 믿음을 밝히 드러내고 주변 사람들로 하여금 자신이 새롭게 되었다는 사실을 알도록 하는 일입니다. 여러분의 충성심을 드러내는 깃발을 휘날리십시오. 그리스도를 위해 사는 모습을 남들에게 보이십시오. 거룩한 삶을 살게 되면 많은 위험과 유혹에서 벗어날 수 있습니다. 반대로 타협하는 삶을 살면 괴로움과 고난이 뒤따를 것입니다.

만일 모든 그리스도인이 나아와 주님께서 그들의 영혼을 위해 하신 일을 담대하게 선포한다면 세상은 기독교의 힘을 느낄 것입니다. 그러면 지금과 같이 기독교를 신자들조차 부끄러워하는 편협한 미신처럼 치부하지 않을 것입니다. 여러분이 진실로 십자가의 군병이라면 방패를 들고 환한 빛 가운데로 나아가십시오. 그리고 여러분의 대장을 부끄러워하지 마십시오! 주님

같은 분을 섬기는데 우리를 부끄럽게 할 것이 무엇이 있겠습니까? 부끄러움을 부끄럽게 여기십시오. 그리고 대장부처럼 싸우십시오!(삼상 4:9) 여러분이 주님의 군대에 속한 군사라면 굳게 서서 용감하게 싸우십시오!

여러분은 모든 사람에게, 그리고 특별히 여러분 자신에게 예수 그리스도에 대한 충성심을 공개적으로 고백할 필요가 있습니다. 그럴 때 여러분은 영적으로 성숙해질 수 있습니다. 주님께서 여러분을 위해 무언가를 베푸셨다면, 여러분은 감사한 마음으로 그것을 인정해야 합니다. 또, 기독교의 핵심인 이웃에 대한 사랑 때문이라도 여러분은 분명하게 자신이 주님의 편이란 것을 밝혀야 합니다.

> 모세가 진영의 입구에 서서 〈누구든지 여호와의 편에 있는 자는 내게 나아오라〉라고 하니, 레위 자손이 모두 그에게 나아왔다. (출 32:26)

제가 무엇을 더 말해야 합니까? 무엇을 더 말할 필요가 있겠습니까? 저는 선하고 진실된 모든 그리스도인이 나팔을 불며 주님의 깃발을 휘날렸으면 합니다.

모세가 했던 선포는 지금도 계속해서 울려 퍼져야 합니다. 그리스도를 공개적으로 고백한 자들 중에서 그분의 이름을 부끄러워하지 않는 사람이 많아져야 합니다. 우리는 항상 그리스도를 알려야 합니다. 처음 거듭났을 때 한 번만 고백하는 것이 아니라, 그 고백을 증명하도록 계속해서 그리스도의 증인이 되어야 합니다. 저는 하나님의 백성 중에서 이런 자들이 더욱 많아지기를 소망합니다. 시인 해버걸Havergal은 오늘 본문에 관해 이런 말을 남겼습니다.

> 왕궁의 사람들은 누군가에게 가르침을 받을 필요가 가장 없는 자들이었다. 반면, 나병 환자들은 왕궁의 사람들에게 무언가를 가르치기에 가장 부적절한 자들이었다. 그럼에도 그들은 그 일을 했다.

여러분은 이렇게 변명할지 모릅니다.

> 그리스도인들은 우리 주님과 그분의 사역에 관해서 가르침을 받을 필요가 없습니다. 그들은 이미 우리보다 더 많이 알고 있습니다. 우리는 주님의 백성 중에 가장 낮은 자들입니다. 그런 우리가 감히 그들을 가르치겠습니까?

이처럼 때로는 겸손함조차 우리가 복음을 증거하는 일을 가로막는 장애물이 되기도 합니다. 만일 여러분이 그리스도를 전혀 모르는 사람들 가운데 있다면 그들에게 그리스도를 증거해야 할 의무감을 느낄 수 있을 것입니다. 하지만 여러분이 그리스도인들 가운데 있다면 오히려 침묵을 지킬 가능성이 큽니다. 여러분은 속으로 〈나는 저 어르신에게 말을 걸기 힘들어. 저분은 분명 나보다 믿음에 관해서 훨씬 많이 아실 거야〉라고 생각해본 적은 없나요? 반면에 그는 아마도 〈저 청년에게 말을 걸기 힘들어. 그는 분명 나보다 훨씬 많은 능력을 지녔을 거야〉라고 생각할 것입니다. 그렇게 둘은 모두 쥐 죽은 듯 침묵을 지키며 서로에게 좋은 영향을 줄 기회를 놓치고 맙니다.

그러면서 날씨나 스캔들, 정치같이 쓸데없는 주제에 관해서는 서슴없이 이야기를 꺼냅니다. 우리는 이 모든 것을 바꿔야 합니다. 그리고 각자 〈나는 그리스도인이다. 다음에 다른 그리스도인 형제를 만날 때는 그가 나보다 나이가 많든 지혜롭든 그렇지 않든 상관없이 그에게 우리가 함께 섬기는 주님에 관해 이야기할 것이다〉라고 다짐해야 합니다.

어린아이 둘이 만나면 그들은 주로 자기의 아버지와 어머니에 관해서 이야기합니다. 어린 동생은 그의 누나보다 아버지에 관해 더 많이 알지는 못할지라도 최근에 아버지에게 받은 사랑과 입맞춤은 오히려 누나보다 더 많을지도 모릅니다. 누나는 아버지의 지혜와 보살핌에 대해 말하고, 동생은 아버지의 사랑과 자상함에 대해 말하며 서로는 뜨겁게 이야기를 나눌 수 있습니다.

왜 그리스도인들은 그렇게 자주 만나고 헤어지면서 주 예수님에 관해서 몇 마디 대화조차 나누지 않을까요? 저는 여러분을 비난하는 것이 아닙니다. 왜냐하면 다른 누구보다도 저 자신부터 이런 질책을 받아야 하기 때문입니다. 우리는 우리 주님을 증거하는 일을 너무 소홀히 하고 있습니다. 어느 날 한 극장 직원이 저에게 말을 걸었을 때 저는 무척 놀랐습니다.

목사님은 주님께서 그분의 백성이 어디로 갈지 인도하신다고 믿으십니까?

그렇습니다. 선생님은 그 점에 대해 무언가 아는 것이 있습니까?

물론이죠. 오늘 아침 주님께 제 길을 인도해달라고 기도했더니 지금 이렇게 목사님과 대화를 나누게 되었습니다. 기도로써 하루를 시작하기를 정말 잘 한 것 같습니다.

우리는 직접적으로 하나님의 일에 관해 이야기하기 시작했습니다. 저는 복음을 전하는 목회자인데도 불구하고 하나님에 관한 이야기를 먼저 시작한 것은 제가 아니라 그 남자였습니다. 이런 측면에서 저와 여러분은 모두 반성해야만 합니다. 우리는 상대방이 어떤 반응을 보일지 몰라서 말을 잘 꺼내지 않습니다. 그래도 시도하는 편이 낫습니다. 시도한다고 해서 손해 볼 것은 없습니다.

병으로 죽어가고 있는 사람들이 있는데 여러분의 손에 그들을 치료할 약이 있다고 가정해 보십시오. 그러면 여러분은 어떻게 해서든 그 약을 그들에게 전해주고 싶지 않겠습니까? 그들이 어떤 반응을 보일지 몰라 약에 대해 아무 말도 하지 않고 있을 것입니까? 시도해 보지 않으면 그들이 어떻게 받아들일지 무슨 수로 알 수 있습니까? 불쌍한 영혼들에게 예수님을 전하십시오. 그들에게 예수님의 은혜로 여러분이 어떻게 치유되었는지 이야기하십시오. 그러면 그들은 〈당신이야말로 저에게 꼭 필요한 사람입니다. 당신이 전해준 소식은 제가 간절히 듣고 싶었던 것입니다〉라고 대답할지도 모릅니다.

제가 알기로는 런던의 어떤 지역, 특히 중심지에서 벗어난 곳에는 누군가 문을 두드리고 그리스도에 관해 이야기를 시작하면 〈지금까지 아무도 우리에게 이런 소식을 전해주지 않았습니다. 우리는 멸망 받도록 버려진 상태였습니다〉라는 대답을 듣는다고 합니다. 이것은 참으로 안타까운 일이지만 엄연한 현실입니다.

영국과 같은 기독교 국가에 살면서 마치 아프리카 콩고에 사는 것처럼 복음에 대한 지식이 전혀 없는 채로 살다가 죽어가는 사람이 상당히 많습니다. 만일 그들이 콩고에 살았다면 우리는 후원금을 모아 그곳에 선교사를 보내 예수님과 그분의 사랑에 대해 전했을 것입니다. 설사 열병으로 인해 죽는 위험을 감수하더라도 우리는 그들에게 선교사를 보냈을 것입니다. 그런데 정작 우리 옆집에 사는 사람이나 직장 동료들은 구원에 대해 무지한 채로 방치되고 있습니다.

공장에서 일하는 여성이나 건물을 청소하는 남성은 해외의 미전도 지역에 사는 사람과 마찬가지로 그리스도에 대해 전혀 알지 못합니다. 그런데도 우리는 그들에게 그리스도를 전하려 하지 않습니다. 이 사실이 충격적이지 않습니까? 우리는 자신의 배고픔만 해결하고 정작 다른 사람들은 굶주리도록 방치하고 있습니다! 이제 무관심을 벗어 던지고 예수님을 위해 일합시다. 저는 혼자서만 복음을 전하는 것으로 만족하지 않으며 다른 사람도 똑같이 복음을 선포하도록 동기를 부여하고 싶습니다.

저는 언젠가 스포츠 경기에는 매우 능숙하지만 죄인들에게 직접적으로 말을 건네는 일은 잘 하지 못하는 청년들에 관해 이야기한 적이 있습니다. 그 말을 듣고 어떤 남성이 저에게 이렇게 말했습니다.

> 저 또한 그렇습니다. 저는 그리스도인이지만 그리스도를 위한 일보다 운동에 관한 지식을 더 많이 알고 있습니다.

그 이후로 그는 주님을 전심으로 섬기기 시작했으며, 지금은 하나님께 매우 크게 쓰임받고 있습니다. 아, 다른 사람들도 이처럼 되었으면 좋겠습니다! 우리 주변에 수많은 사람이 어둠 속에서 죽어가고 있습니다. 그들 모두에게 여러분이 지닌 빛을 전해주십시오! 이 나라 전역에서 수백만이 멸망으로 치닫고 있습니다. 어서 빨리 그들을 구출하십시오! 세상은 아직 악의 권세 아래 머물러 있습니다. 여러분이 그것을 되찾으십시오!

어떤 분은 〈저는 많은 것을 알지 못합니다〉라고 말합니다. 그렇다면 여러분이 잘 모르는 부분에 관해서는 말하지 마십시오. 또, 〈저 또한 한 명의 그리스도인으로서 역할을 다하고 싶습니다〉라고 말하는 사람도 있습니다. 그렇다면 다른 사람에게 여러분이 어떻게 신자가 되었는지 이야기하십시오. 그것이 바로 복음입니다. 여러분이 굳이 어려운 책을 공부한 다음 완벽한 설교를 하려고 노력할 필요는 없습니다. 단순히 집에 가서 장남에게 〈존, 너에게 아버지가 어떻게 구세주를 만나게 되었는지 말해주고 싶구나〉라고 하십시오. 여러분의 어린 딸에게 〈사라야, 너에게 예수님께서 나를 얼마나 사랑하시는지 말해주고 싶구나〉라고 하십시오. 여러분이 저녁에 마음에서 우러나오는 말로 그들에게 복음을 전하면 아침 해가 뜨기도 전에 여러분은 사랑하는 자녀들이 구세주께 나아오는 모습을 보고 기뻐하게 될 것입니다.

입을 열어 복음을 전하라

그러므로 흩어진 자들은 사방으로 다니며 말씀을 전하였다. 그 때 빌립이 사마리아 성읍으로 내려가 그들에게 그리스도를 전했다. (중략) 빌립이 입을 열어 이 성경에서 시작하여 그에게 예수님을 전했다. (행 8:4~5, 35)

성령님의 권능이 교회에 임했을 때 주님은 그것을 널리 퍼지게 하십니다. 주님은 교회가 껍질 안에 있는 견과나 상자 안에 담긴 향유처럼 있도록 하지 않으십니다. 복음의 귀한 향유는 반드시 부어져 공기 중으로 널리 향을 퍼뜨려야 합니다.

오늘날 이곳에서는 예전처럼 고향에서 쫓겨나거나 하는 심한 박해를 받지는 않지만 생계비를 벌어야 하는 이유 때문에 경건한 자들이 이곳저곳으로 흩어지게 됩니다. 우리는 때로 청년들이 직장 때문에 먼 곳으로 이사를 가게 되는 것을 아쉬워합니다. 하지만 그것이 정말로 아쉬워해야 할 일일까요? 또는 어떤 가정이 멀리 이사를 가거나 심지어 해외로 이민을 가는 경우도 아쉬워합니다. 하지만 주님께서 그것을 계기로 복음의 씨앗이 멀리 퍼지도록 하시려는 것은 아닐까요?

안정된 목회자 밑에서 양육 받는 일은 편안하고 기쁜 일이지만, 주님은 특별한 목적을 위해 그분의 종들 중에서 일부를 아직 빛이 비치지 않은 곳으로 보내시기도 합니다. 교회의 머리이신 주님은 다양한 방식으로 그분의 종들을 널리 흩으시지만, 우리는 주님이 하시기 전에 자발적으로 흩어질 필요가 있습니다.

모든 그리스도인은 스스로에게 〈내가 가장 유익을 줄 수 있는 곳은 어디인가?〉라는 질문을 해야 합니다. 그래서 자신이 태어난 곳보다 더 큰 유익을 줄 수 있는 곳을 발견한다면 할 수 있는 한 그곳으로 가야 합니다. 하나님은 그분의 백성이 전 세계로 흩어지기를 원하십니다. 만약 우리가 흩어지기를 거부한다면 주님은 강제적인 방법을 동원해 우리가 이동하도록 섭리하실 것입니다.

주님은 단지 우리가 흩어지는 것 자체를 목적으로 하시는 것이 아닙니다. 주님께서 계획하신 뜻을 이루기 위해 우리를 흩어지게 하시는 것입니다. 주님께서 의도하신 바대로 예루살렘의 성도들은 사방으로 흩어져서 말씀을 전하였습니다.

회심한 사람이라면 누구나 자신이 진리라고 믿는 것을 가르쳐야 합니다. 생명수를 마신 사람이라면 누구나 자신도 생명수의 강이 흘러나오는 샘이 되어야 합니다.

> 나를 믿는 자는 성경이 말한 것처럼 그의 배에서 생명수의 강이 흘러나올 것이다. (요 7:38)

우리가 전적으로 헌신했던 옛날의 방식대로 돌아가지 않는다면 결코 예전처럼 위대한 영적 정복기를 다시 맞이할 수 없을 것입니다. 그리스도인은 모두 각자 개인적으로 하나님을 위해 일해야 합니다. 누구도 여러분의 사역을 대신해주지 않습니다. 우리가 개인적인 섬김에 충실히 하는 만큼 하나님께서 우리에게 예전처럼 부흥의 시기를 맞이하도록 축복해주실 것입니다.

우리는 자신의 직업과 상관없이 말씀을 전하는 일에 힘써야 합니다. 빌립은 사마리아로 말씀을 전하러 내려갔지만, 본래 그는 예루살렘 교회에서 구제품을 분배하는 일을 맡은 집사였습니다. 자기에게 주어진 특별한 임무에 충실하는 것은 모든 사람에게 바람직한 일입니다. 하지만 그 임무를 어쩔 수 없이 멈추어야 하는 때가 온다면 그때는 모든 그리스도인에게 공통으로 주어진 사역에 힘써야 합니다.

여러분도 빌립처럼 자신이 맡은 특별한 임무를 더이상 할 수 없을 때가 올지도 모릅니다. 빌립 집사는 그럴 때 무엇을 했습니까? 그에게 맡겨진 일을 더이상 할 수 없게 되었을 때 빌립은 모든 그리스도인에게 맡겨진 사명, 곧 예수 그리스도의 복음을 선포하는 일을 계속했습니다. 그러므로 우리 중 누구도 다른 일을 하고 있다는 이유로 복음을 전하는 일에서 열외되어서는 안 됩니다.

아무리 여러분이 그리스도의 나라와 밀접히 연관된 일에 종사하고 있더라도 그로 인해 죄인을 그리스도께 인도하는 사역을 소홀히 해도 되는 것은 아닙니다. 스데반 집사가 가장 먼저 증인이 되었고, 그가 순교한 다음에는 예루살렘 교회의 집사 목록에서 두 번째 있었던 빌립이 그의 자리를 대신했습니다. 한 명의 군사가 쓰러지면 그다음 뒤따르던 군사가 전진합니다. 우리는 모두 말씀을 선포하는 일에 힘써야 하며 누구도 다른 사역을 한다는 이유로 그것을 소홀히 해서는 안 됩니다. 아, 전 세계에 있는 주님의 백성이 이 점을 마음 깊이 새기길 바랍니다!

또한, 말씀을 전하는 일은 교육적인 수준과도 관련이 없습니다. 오늘날에는 교육을 많이 받지 않은 사람은 복음을 선포해서는 안 된다는 인식이 널리 퍼져 있습니다. 그리스도를 전하면서 문법적인 오류를 범하기라도 하면 극심한 비판에 시달립니다. 사람들은 교육받지 못한 사람도 복음을 잘 전할 수 있다는 주장에 강렬히 반대합니다. 저는 이것이 매우 심각한 잘못이라고 생각합니다. 성경 어디를 찾아보아도 진실로 구원을 접한 사람이 예수님을 전하는 것을 금지하는 구절은 없습니다.

우리는 현대적인 관점에서 모두가 〈설교〉를 하기 위해 부르심을 받은 것은 아닙니다. 하지만 우리는 모두 우리가 아는 한 예수님을 널리 알리기 위해 부르심을 받았습니다. 언제 복음이 높은 교육 수준을 지닌 사람들에 의해 널리 전파된 적이 있습니까? 역사를 쭉 살펴보십시오. 놀라운 웅변술을 지닌 사람들이 영혼을 구원하는 일에 주목할 만한 성과를 보인 적이 있습니까? 저는 영혼 구원에 전혀 도움이 되지 않은 위대한 웅변가들을 이름을 열거할 수 있습니다.

하나님께서 가장 명예롭게 하신 자들은 그들의 재능이 무엇이든 상관없이 자신을 거룩하게 구별하여 하나님께 드리고 정직하게 말씀의 위대한 진리를 표명한 자들입니다. 죄로 인한 인간의 타락과 은혜로 말미암은 하나님의 치유를 빠뜨림 없이 신실하게 전하며 죄인들에게 주 예수님을 믿음으로 임박한 진노에서 벗어나라고 경고하는 사람들이 하나님께 유용한 자들입니다. 그들이 뛰어난 재능을 지녔다고 해도 그것이 그들이 전하는 말씀에 손상을 입히지 않으며, 그들이 재능이 거의 없다고 해도 말씀을 전하는 데는 전혀 손색이 없습니다.

하나님은 이 세상에서 천하고 멸시받는 자들을 사용하셔서 그분의 위대한 사랑의 계획을 성취하는 것을 기뻐하십니다. 바울은 그가 말의 지혜로 복음을 선포하는 것이 아니라고 했습니다. 그는 〈그리스도께서 복음을 전하라고 나를 보내셨으며, 그리스도의 십자가가 헛되지 않게 하도록 말의 지혜로 하지 않게 하셨다〉(고전 1:17)라고 말했습니다. 그는 자신이 유창한 언변을 사용해 복음을 전했을 때 일어날 일을 두려워했습니다. 그래서 그는 말의 지혜를 거부했습니다. 우리도 그렇게 해야 합니다. 성령님의 거룩한 권능을 신뢰하십시오. 우리의 말주변이 아볼로처럼 유창하든(행 18:24), 모세처럼 어눌하든(출 4:10), 진리를 말할 때는 언제나 성령님의 능력에 의존하십시오.

우리 주님은 이미 부르신 자들을 통해 나머지 택한 자들이 나아오게 하십니다. 그런데 부름 받은 백성이 다른 이들에게 복음을 전하지 않고 그들의 소명을 다하지 않으면 어떻게 그 일이 이루어질 수 있겠습니까? 모든 일을 하나님께서 홀로 하시는 것은 사실이지만 주님은 사람들을 도구로 사용하여 일하십니다. 그런데 여러분이 복음을 전하지 않으면, 그것은 다른 사람들이 멸망하도록 내버려 두는 것이나 마찬가지입니다.

초대 교회가 그토록 꾸준히 예수님을 전할 수 있었던 가장 큰 이유는 그들의 영적 상태가 매우 건강했기 때문입니다. 그들이 멀리 흩어졌을 때도 사방에서 말씀을 전했던 이유는 고향에 있을 때도 같은 일을 해왔기 때문입니다. 자기 나라에서도 말씀을 전하는 데 힘쓰지 않는 사람은 결코 좋은 해외 선교사가 될 수 없습니다. 자신의 마을에서 영혼을 구원하기 위해 힘쓰지 않는 사람은 전 세계 다른 나라에서도 그 일을 잘하지 못할 것입니다. 여러분이 모국에 있을 때도 주님께 유용하지 못하다면 다른 대륙으로 이동한다고 한들 마찬가지일 것입니다. 모국의 주일 학교에서 주님을 섬기지 않았던 사람은 중국에 가서도 아이들을 그리스도께 인도할 수 없을 것입니다. 그리스도인의 사역에 있어서 멀리 떨어진 거리는 그리 중요한 사항이 아닙니다.

여러분이 지금 아무것도 하지 않고 있다면 여러분의 건강 상태는 형편없을 것이기 때문에 전쟁을 치르기에는 적합하지 않을 것입니다. 하지만 주님께서 여러분에게 영적인 건강과 활력을 주신다면 여러분은 누가 부추기지 않아도 즉시 〈제가 여기 있습니다. 저를 보내십시오!〉라고 외칠 것입니다.

> 내가 주님께서 말씀하시는 소리를 들었다. 〈내가 누구를 보내며 누가 우리를 위해 갈까?〉 그때 내가 〈제가 여기 있습니다. 저를 보내십시오〉라고 대답했다. (사 6:8)

하나님의 섭리는 한계가 없다

큰 무리가 예수님을 따랐는데, 그들이 예수께서 병자들에게 행하신 기적을 보았기 때문이다. (요 6:2)

저 무리를 보십시오! 저기 사냥꾼처럼 굶주린 오천 명의 사람이 모여 있습니다. 게다가 그들은 모두 먹을 것을 사러 갈 수 없어서 누군가 음식을 주지 않으면 안 되었습니다! 그리고 여기 식량이 있습니다. 겨우 자그마한 빵 다섯 개와 물고기 두 마리입니다. 약간의 빵과 물고기로 오천 명이나 되는 사람을 먹여야 했습니다! 너무도 터무니없는 일이었습니다. 각 사람이 아주 조금의 부스러기만 받는다고 하더라도 전부가 먹기에는 충분하지 않은 양이었습니다.

이와 마찬가지로 우리 마을에는 수천 명의 사람이 있지만 그들이 그리스도께로 돌아오는 것을 간절히 바라는 그리스도인은 불과 한 줌밖에 되지 않습니다. 이 둥근 지구에는 수많은 사람이 있지만 그들에게 생명의 빵을 나누어 주는 선교사들은 극히 적습니다. 그것은 마치 작은 빵 다섯 개로 오천 명을 먹이려는 것과 흡사합니다!

그 문제는 해결하기 매우 어려운 것이었습니다. 우리가 당시 벳새다에 모인 무리 가운데 있었다면 이천 년이 지난 지금 여기서 단순히 듣기만 하는 것보다 수요와 공급의 현격한 차이를 훨씬 생생하게 느낄 수 있었을 것입니다. 하지만 주 예수님은 문제를 간단히 해결하셨습니다. 그곳에 모인 사람들은 한 사람도 빠짐없이 배불리 먹었습니다.

우리의 복되신 주님은 이제 하늘로 올라가셔서 그때보다 더욱 큰 능력을 지니고 계십니다. 우리의 수가 아무리 적더라도 주님은 전혀 당황하지 않으시고 적은 인원으로도 그분의 영광스러운 목적을 성취하시기 위해 사용하십니다. 그러므로 아무도 낙심하지 마십시오. 이 도시가 복음화되지 않는 것으로 인해 절망하지 마십시오. 모든 민족에게 복음이 전해지는 소망을 잃지 마십시오. 예수 그리스도 안에 계신 하나님을 믿으십시오. 위대한 중재자의 자비하심을 믿으십시오. 주님은 예전에 굶주린 무리를 배불리 먹이신 것처럼 지금도 영적으로 궁핍한 백성을 내버려 두지 않으실 것입니다.

그곳에 빵과 물고기를 가진 소년을 보내신 하나님의 섭리를 눈여겨보십시오. 우리는 그 아이의 이름조차 모릅니다. 우리는 그의 가족에 대해서도 전혀 언급하지 않습니다. 그는 빵과 물고기를 팔아서 돈을 벌려던 행상인이었을까요? 그래서 거의 팔고 얼마 남지 않았던 것일까요? 아니면 사도들이 예수님과 제자들을 위해 이 적은 음식을 운반하려고 고용한 소년이었을까요? 우리는 그에 대해 거의 알지 못하지만, 어쨌든 그는 그날 그곳에 꼭 있어야 하는 인물이었습니다. 그의 이름이 무엇이었는지는 중요하지 않습니다. 단지 그는 약간의 빵과 물고기를 가지고 있었으며 그것으로 수많은 사람이 배불리 먹었을 뿐입니다.

그리스도는 어떠한 것도 부족하지 않으십니다. 따라서 그때 그분을 위해 누군가 필요했던 것은 아닙니다. 하나님의 섭리를 믿으십시오. 저는 그 소년이 빵과 물고기를 가져온 이유를 알지 못하지만, 어쨌든 그는 그것을 가져왔습니다. 아이들은 때로는 설명하기 어려운 일들을 합니다. 하나님은 그 소년의 생각과 동기를 모두 이해하시고 그가 빵과 물고기를 가지고 있는 것까지 고려해서 그를 그곳에 있게 하셨습니다. 다시 말하지만, 하나님의 섭리를 믿으십시오.

탐험가 헨리 스탠리는 아프리카의 밀림을 탐험하고 돌아왔을 때 이렇게 말했습니다.

> 나는 160일 동안 어둠 속에서 걸었으며 마침내 햇빛을 전혀 볼 수 없었다. 그곳에서 나를 돌보시는 하나님의 특별한 섭리를 느꼈다.

그가 자신을 어두컴컴한 그늘 속에서 빠져나오게 한 것이 하나님의 손길이었음을 느낀 것은 매우 다행스러운 일입니다. 하지만 우리는 굳이 아프리카까지 가지 않더라도 우리를 둘러싼 하나님의 선하심을 알 수 있습니다.

우리는 대부분 가정에서 하나님의 특별한 섭리를 느꼈습니다. 특히 우리의 자녀들과 관련하여 하나님의 손길을 느낄 때가 많습니다. 우리의 매일은 하나님께서 돌보고 계신다는 증거로 가득합니다.

> 누구든 지혜로운 자는 이러한 것들을 관찰하고 여호와의 인애를 깨달을 것이다. (시 107:43)

또한, 하나님께서 그리스도의 교회도 섭리하신다는 사실을 믿으십시오. 하나님은 결코 그분의 백성을 버리시지 않습니다. 하나님께서 필요하시다면 반드시 그분의 일을 맡길 사람을 일으키실 것입니다. 성도들의 역사를 살펴보면 언제나 그랬습니다.

종교개혁이 일어나기 전에도 그리스도의 복음을 알았던 학식 있는 자들이 많았습니다. 하지만 그들은 논란을 일으켜도 소용이 없다고 생각하여 그들끼리만 조용히 그리스도와 교제하였습니다. 그때 필요한 것은 복음을 밝히 드러내어 기존의 상태를 뒤바꿀 다소 거칠고 무모한 인물이었습니다. 그런 사람이 과연 어디에 있었을까요?

그곳에 루터라는 이름의 수도사가 있었습니다. 그는 성경을 읽던 도중 불현듯 믿음에 의해 의롭게 된다는 교리를 발견하고 충격을 받았습니다. 그가 바로 당시에 꼭 필요한 인물이었습니다. 하지만 그가 주님 안에 함께 하는 친한 형제를 찾아가 자신의 심정을 털어놓았을 때 그 친구는 그에게 〈자네 방으로 가서 기도하며 하나님과 교제하고 그 일은 입 밖으로 내지 말게〉라고 말했습니다. 하지만 여러분도 알다시피 루터는 잠자코 있을 수 없었습니다. 그가 아니라 다른 사람이었다 하더라도 분명 잠자코 있지 못했을 것입니다. 루터는 결국 입을 열어 그를 새사람으로 만든 그 진리를 말하기 시작했습니다.

마틴 루터를 지으신 하나님은 그를 만드실 때 그가 무슨 일을 할 것인지 아셨습니다. 하나님은 루터 안에 도저히 억누를 수 없이 활활 타오르는 불꽃을 넣어 두셨습니다. 그리고 그 불꽃은 밖으로 나와 온 나라를 불길에 휩싸이게 했습니다. 하나님의 섭리를 굳게 믿고 절망에 빠지지 마십시오. 오늘밤에도 이 나라 어딘가에는 루터처럼 현재의 불신에서 돌아서서 교회들을 옛 복음의 길로 돌아오게 하는 사람이 있을 것입니다.

> 여호와께서 이렇게 말씀하셨다. 〈너는 그 길에 서서 살펴보고 옛길, 곧 선한 길이 어디인지 찾은 다음 그 길로 가라. 그러면 너의 영혼이 평안을 얻을 것이다. (렘 6:16)

누군가 대단한 사람이 등장하지 않는다고 해서 아직 실망할 필요는 없습니다. 다윗은 무릿매와 돌멩이로 싸웠고 삼손은 나귀 턱뼈로 싸웠으며 삼갈은 소 모는 막대기로 싸워 여호와의 적들을 물리쳤습니다. 예수님이 오천 명을 먹이실 때는 그곳에 한 아이가 있었습니다. 하나님은 섭리로써 그를 그곳에 보내셨습니다.

> **여기 한 아이가 보리 빵 다섯 개와 물고기 두 마리를 가지고 있습니다만, 그것이 이렇게 많은 사람에게 무슨 소용이 있겠습니까?** (요 6:9)

이 아이는 자신의 빵을 들고 앞으로 나왔습니다. 제자들이 무리를 모두 먹일 음식을 찾고 있을 때 이 듣도 보도 못한 아이가 자신의 작은 도시락을 들고 앞으로 나온 것입니다. 안드레는 그를 발견하여 예수님께 보리 빵 다섯 개와 물고기 두 마리를 가진 아이가 있다고 보고했습니다.

여러분이 생명의 빵을 지니고 있고 하나님을 섬기고 싶은 마음만 있다면 별로 사람들에게 잘 알려지지 않았다고 해도 하나님을 섬기는 일에는 전혀 지장이 없습니다. 어떤 사람은 〈아무도 저를 몰라봅니다〉라고 말합니다. 하지만 모든 사람이 여러분을 알아보는 것이 꼭 좋은 것은 아닙니다. 우리 중에 유명세를 떨치고 있는 사람들은 오히려 유명하지 않았으면 하는 마음이 있을 것입니다. 사람들에게 많이 알려져 있으면 안락한 삶을 살기 힘듭니다. 주님을 위해 일할 때 다른 사람은 아무도 몰라주고 오직 주님만이 알아주는 사역자야말로 세상에서 가장 행복한 사람입니다.

시골의 한 목사님이 저에게 〈저는 설교를 전할 교인이 백 명밖에 없습니다〉라고 말했습니다. 저는 그에게 〈그 백 명만 잘 돌보더라도 목사님은 충분히 많은 일을 한 것입니다〉라고 대답했습니다. 여러분이 가진 것이 빵 다섯 개와 물고기 두 마리처럼 매우 적더라도 그것을 적절하게 사용한다면 여러분은 주님을 충분히 잘 섬기는 것입니다. 하나님께서 여러분을 필요로 하시는 때가 이르면 반드시 여러분을 들어서 사용하실 것입니다. 하나님께 쓰임 받기 위해 신문에 광고를 낼 필요는 없습니다. 하나님은 이미 여러분이 어디에 살고 있는지 주소까지 정확하게 아십니다.

여러분이 무리해서 앞으로 나아가려고 발버둥칠 필요는 없습니다. 주님께서 원하시는 때가 되면 여러분을 앞으로 나아오게 하실 것입니다. 반면에 주님께서 원하시지 않은 때에는 앞으로 나아가지 않는 것이 좋습니다. 하나님께서 원하시지 않는 때에 억지로 앞으로 나아가려고 하면 하나님은 여러분을 다시 뒤로 물러나게 하실 것입니다. 여러분이 가진 빵 다섯 개와 물고기 두 마리 같은 달란트로 눈에 띄지 않게 사역을 하다가 하나님께서 필요로 하시는 때가 이르면 그때 앞으로 나아오십시오.

제자들이 빵과 물고기를 발견했을 때 그것은 그들의 목적을 달성하기에는 너무 부족해 보였습니다. 안드레는 주님께 〈이것이 무슨 소용이 있겠습니까?〉라고 여쭈었습니다. 소년의 자신감은 완전히 상실된 것 같았습니다. 그처럼 부족한 것으로 무엇을 할 수 있겠습니까?

사탄이 여러분에게 〈네가 무엇을 하려고 노력해본들 그것이 무슨 소용이냐?〉라고 속삭인 경험이 있지 않습니까? 여러분이 자녀를 가진 어머니라면 사탄은 〈너는 아이들 때문에 하나님을 섬길 수 없어〉라고 속삭일 것입니다. 사탄은 여러분이 하나님의 도우심으로 그분을 충분히 섬길 수 있다는 사실을 잘 압니다. 사탄은 여러분이 자녀들을 잘 양육해 하나님을 경외하는 자로 키우는 것을 두려워합니다.

사탄은 신실한 사람에게 다가와 〈너는 가진 능력이 별로 없어. 네가 무엇을 할 수 있겠냐?〉라고 속삭입니다. 아, 여러분! 사탄은 여러분이 할 수 있는 그 일을 두려워합니다. 그리고 여러분이 그 일을 시작한다면 하나님께서 여러분이 할 수 없는 일까지 하도록 도와주실 것입니다. 마귀는 여러분이 지금 할 수 있는 아주 작은 일조차 두려워합니다. 안타깝게도 많은 하나님의 자녀가 사탄의 편에 서서 작은 일들을 멸시하곤 합니다.

작은 일들의 날이라 멸시하는 자가 누구냐? (슥 4:10)

제자들은 〈그것이 이렇게 많은 사람에게 무슨 소용이 있겠습니까?〉라고 했습니다. 너무도 부족하고 너무도 형편없고 너무도 모자란 달란트입니다. 이것으로 우리가 무엇을 바랄 수 있겠습니까? 예수님의 제자들도 우습게 보았는데 하물며 세상이 우리를 우습게 보는 것은 그리 이상한 일도 아닙니다. 장차 하나님께 크게 쓰임 받을 것들은 반드시 처음에 사람들에게 멸시를 받습니다. 여러분이 세상의 조롱을 견디고 나면 나중에는 하나님께 크게 쓰임 받을 것입니다.

비록 겉으로 보기에는 많은 무리를 먹이기에 부족할지 몰라도, 빵과 물고기는 그 소년이 혼자 저녁 식사로 먹기에는 충분한 양이었습니다. 하지만 그는 그것을 혼자서 먹지 않고 기꺼이 내어놓았습니다. 제자들은 그것을 소년에게서 강제로 빼앗은 것이 아닙니다. 주님께서 그렇게 하도록 허락하지 않으셨을 것입니다. 소년은 자진해서 그것을 풍성한 만찬의 재료로서 내어놓은 것입니다. 누군가는 그에게 이렇게 말했을지도 모릅니다.

> 너는 곧 그 빵과 물고기를 먹게 될 거야. 구석으로 가서 네 몫은 네가 먹어라. 지금은 각자 살아남아야 할 시기야.

자기 자신의 일만 생각하는 것은 바람직하지 않을까요? 아마도 그럴 것입니다. 하지만 하나님께서 사용하신 그 소년은 이기적이지 않았습니다. 사탄은 젊은 그리스도인들에게 이렇게 속삭입니다.

> 먼저 돈을 벌고 나서 하나님을 섬겨라. 사업에 전념하여 성공해라. 그러면 너는 더욱 그리스도인답게 살 수 있고 돈도 많이 기부할 수 있을 것이다.

그런 유혹을 받는 청년들은 보리 빵과 물고기를 기억하십시오. 그 소년이 단순하게 그리스도의 요구에 따르지 않고 어떤 것이 자기에게 유익이 되는지 깊이 생각했다고 하더라도 그는 똑같은 일을 했을 것입니다.

그는 자기가 그 빵을 가지고 있어도 한 끼 식사를 마치고 나면 사라지고 말 것이라는 사실을 깨달았을 것입니다. 그래서 그는 그것을 그리스도께 가져왔고, 결국 수천 명이 배불리 먹고도 자기 역시 혼자서 먹었을 때보다 훨씬 많은 양을 먹을 수 있었습니다. 그것에 더해 그는 남은 음식으로 가득 찬 광주리를 열두 개나 얻게 되었습니다.

무엇이든 여러분 자신에게서 빼앗아 그리스도께 드린다면 그것은 훌륭한 투자가 될 것입니다. 그렇게 하면 때로는 만 배의 수익을 거두기도 합니다. 주님은 이기적이지 않은 사람에게 어떻게 보상해주어야 그가 자기 목숨을 구하려는 자는 잃고 자기 목숨과 그것을 유지하는 음식을 기꺼이 내어놓는 자는 결국에 살게 된다는 사실을 깨닫게 되는지 아십니다.

다섯 개의 보리 빵 이야기를 정리하면 이렇습니다. 그것들은 하나님의 섭리를 통해 한 아이에 의해 드려졌습니다. 소년은 처음에 멸시를 받았지만 그것에 개의치 않고 기꺼이 드렸습니다. 그는 그것을 온전히 주님께 넘겨드렸습니다. 제가 무슨 말을 하려고 하는지 아시겠습니까? 저는 소년과 소녀와 젊은 남자와 여자들이 이 사실에 주목했으면 합니다. 나이는 상관없습니다. 여러분이 70세가 넘지 않았다면 모두 소년과 소녀가 될 수 있습니다. 저는 자신이 할 수 있는 것이 매우 작다고 생각하는 여러분에게 〈그것을 예수님께 가지고 나아오십시오〉라고 말하고 싶습니다. 우리는 여러분이 필요합니다. 지금은 어려운 시기입니다. 사람들이 굶주리고 있습니다. 비록 아무도 여러분을 필요로 하지 않는 것처럼 보여도 용기를 내어 여러분이 할 수 있는 일을 하십시오. 에스더처럼 여러분이 하나님의 나라에 들어온 것이 이때를 위함인지 누가 알겠습니까?(에 4:14)

하나님께서 여러분을 지금 있는 곳으로 인도하신 것은 수천 명을 돌아오게 하기 위해 여러분을 사용하기 위한 것일지도 모릅니다. 하지만 그 전에 여러분 자신이 먼저 하나님께 돌아와야 합니다. 여러분이 그리스도의 소유가 되지 않는다면 주님은 여러분을 쓰시지 않을 것입니다. 여러분은 자신을 주님께 온전히 드리고 그분의 보혈로 구원을 받아야 합니다. 그런 다음에 여러분이 지닌 작은 달란트를 주님께 드리십시오. 주님께 여러분을 보리 빵 다섯 개를 드린 소년처럼 크게 사용해달라고 간절히 구하십시오.

주님의 손에 들린 우리의 작은 빵

예수께서 축복하신 후에 빵을 떼어 제자들에게 주니, 제자들이 그것을 무리에게 나누어 주었다. (마 14:19)

오병이어 사건을 통해 우리는 소년의 희생뿐 아니라 구세주의 능력도 살펴볼 수 있습니다. 살아계신 하나님이신 그리스도께서 우리의 연약함과 부족한 달란트와 무지와 작은 믿음을 사용하여 일하신다는 사실이 믿어집니까? 그런데 놀랍게도 주님은 그렇게 하십니다. 주님과 함께하지 않으면 우리는 아무것도 할 수 없지만, 주님과 함께한다면 모든 것을 할 수 있습니다. 주님의 손에 들린 보리 빵 다섯 개는 수천 명의 무리를 배불리 먹게 할 음식이 되었습니다. 주님의 손 밖에 있을 때는 그저 평범한 보리 빵이지만, 그분의 손에 들리게 되면 무엇이든 될 수 있습니다.

주 예수 그리스도를 사랑하는 여러분은 여러분이 가진 것이 무엇이든 주님께 가지고 나아왔을 때 그것이 주님께 연결된다는 점에 대해 생각 본 적이 있습니까? 여러분의 뇌는 하나님의 영이 주시는 가르침과 함께 할 수 있습니다. 여러분의 마음은 하나님의 사랑으로 따뜻해질 수 있습니다. 여러분의 입은 제단에서 꺼낸 타는 숯에 닿아 깨끗해질 수 있습니다.(사 6:6~7) 여러분의 삶은 그리스도와 연합을 통해 완전하게 성별될 수 있습니다.

〈그것을 여기 나에게 가져오라〉(마 14:18)라고 부드럽게 말씀하시는 주님의 명령을 들으십시오. 그러면 여러분의 인생은 통째로 변화될 것입니다. 저는 평균적인 능력을 지닌 모든 사람이 믿음으로 그리스도와 연합했을 때 위대한 능력을 발휘하게 된다고 말하는 것이 아닙니다. 하지만 그들이 지닌 평범한 능력은 그리스도와 연합했을 때 하나님께서 섭리로써 그들을 부르신 그 상황에서는 충분히 필요한 만큼의 영향력을 발휘할 것입니다.

여러분은 지금까지 〈저는 이것이 없습니다. 저는 저것을 할 수 없습니다〉라고 기도해왔을 것입니다. 뒤로 물러나 여러분의 결점만을 헤아리지 말고 여러분이 가지고 있는 것을 주님께 가져오십시오. 그리고 여러분의 모든 것, 곧 육체와 영혼과 정신이 그리스도와 연합되게 하십시오. 비록 주님께서 여러분에게 새로운 능력을 주시지 않을지라도 여러분이 이미 가지고 있는 능력이 주님을 향함으로 인해 새로운 힘을 발휘하게 될 것입니다. 주님의 힘과 지혜와 연결된다면 우리가 소망할 수 없는 것이 무엇이 있겠습니까?

다섯 개의 보리 빵은 그리스도께 넘겨졌습니다. 조금 전까지만 해도 그것들은 소년의 것이었지만 이제는 그리스도의 것이 되었습니다. 주님은 그 빵들을 받으셨습니다. (요 6:11) 이제 그것들은 주님의 소유가 되었습니다. 아, 여러분은 자신을 그리스도께 드린다고 선언했을 때 그것이 정확히 무슨 의미인지 아십니까? 여러분이 주님께 모든 것을 넘겨드리면 주님은 그 위에 놀라운 능력을 더하여 유용하게 쓰이도록 하실 것입니다. 하지만 사람들은 자주 〈제가 일부를 떼어서 가지면 어떨까요?〉라고 말합니다. 제 귀에 들려오는 이 양 떼의 소리와 제가 듣고 있는 소 떼의 소리는 무엇입니까? (삼상 15:14) 여러분이 얼마 전에 주식에 투자한 그 많은 돈은 무엇입니까? 여러분이 필요하지도 않은 여분의 옷을 사기 위해 모아놓은 돈은 무엇입니까?

아, 차라리 우리가 가진 빵을 모두 그리스도의 손에 넘겨드리는 편이 훨씬 낫습니다! 우리의 시간을 자기를 위해 사용하지 말고 그리스도께 드리고, 우리의 지식을 저수지처럼 쌓아두지만 말고 그리스도께 드리고, 우리의 능력을 세상을 위해 사용하지 말고 그리스도께 드리고, 우리의 영향력과 지위와 돈과 가정을 모두 그리스도의 손에 넘겨드리고, 우리 자신의 일은 생각하지 말고 이제부터는 오직 그리스도의 일만 생각하는 것이 낫습니다. 오히려 그럴 때 억압받는 자들이 도움을 얻고 세상의 굶주린 자들이 양식을 얻을 것입니다.

주님께서 보리 빵을 받으신 것처럼 우리가 드리는 것들도 받으실 것입니다. 그것은 단순히 봉헌되었을 뿐 아니라 성별되었습니다. 예수님은 보리 빵 다섯 개와 물고기 두 마리를 받으셨고, 그로 인해 〈이것이면 내게 충분하다〉라고 말씀하신 것이나 다름없습니다. 개정판 영어 성경에는 〈예수께서「그러므로」그 빵들을 받으셨다〉라고 번역되어 있습니다. 주님께서 그것들을 받으셔야 할 이유는 무엇일까요? 그것들이 주님께 드려졌기 때문입니다. 소년은 자발적으로 그것들을 주님께 바쳤습니다. 그때는 그것들이 필요한 상황이었고 주님은 그것들을 이용하여 문제를 해결할 수 있으셨습니다. 〈그러므로〉 주님은 그 빵들을 받으셨습니다.

하나님의 자녀들이여, 만일 예수 그리스도께서 여러분을 사용하신 적이 있다면 여러분은 주님께서 어떻게 여러분 같은 사람을 들어서 쓰셨는지 의아해할 것입니다. 하지만 다 그럴 만한 이유가 있었습니다. 주님은 여러분이 영혼을 구원하는 일을 간절히 원하고 있음을 아셨을 것입니다. 그리고 여러분 주변에 구원받아야 될 영혼이 있는 것을 아셨고, 그래서 주님은 비록 부족할지라도 여러분을 들어서 사용하신 것입니다. 제가 지금 말하고 있는 여러분도 자신을 온전히 그리스도께 드린다면 주님께서 받으셔서 놀라운 일을 하도록 사용하실 것입니다.

그의 은혜의 영광을 찬양하게 하려고, 그의 사랑하시는 자 안에서 우리를 받아 주셨다. (엡 1:6)

겨우 작은 보리 빵 다섯 개였지만 예수님은 그것들을 받으셨습니다. 소년이 가져온 것은 겨우 작은 물고기 두 마리였지만 위대하신 그리스도께서 그것을 받으시고 자신의 소유로 삼으셨습니다.

그리스도께서는 눈을 들어 아버지께 감사드리고 이 빵과 물고기를 축복하셨습니다. 한번 생각해보십시오. 작은 빵 다섯 개와 물고기 두 마리 때문에 예수님은 아버지께 감사를 드리셨습니다. 이것은 분명 감사를 드리기에는 너무도 하찮은 일이었지만, 예수님은 자신이 그것들로 무엇을 할 수 있는지 아셨습니다. 그래서 주님은 그것들이 곧 이루어낼 놀라운 일에 대하여 감사를 드렸던 것입니다.

어거스틴은 〈하나님은 우리가 장차 되어질 모습으로 인해 우리를 사랑하신다〉라고 말했습니다. 그리스도께서 이 작은 것들로 인해 감사를 드린 이유는 그것들이 장차 되어질 모습을 보셨기 때문입니다. 주님은 아버지께 감사를 드림으로써 그 소년에게도 감사를 표한 것입니다. 후에 이 감사의 말은 그렇게 작은 행동에 비하면 과분할 정도의 보상이 되었을 것입니다. 헌금함에 동전 두 개를 넣은 여인처럼(막 12:41~44) 그 소년도 자신이 가진 모든 것을 드렸으며, 그로 인한 칭찬을 받은 것입니다.

비록 지금은 영광 중에 높임을 받으셨지만, 그럼에도 그리스도는 여전히 우리가 그분께 두렵고 떨리는 손으로 비록 작지만 우리가 가진 전부를 드릴 때 그것으로 인해 하나님께 감사를 드리십니다. 우리가 드린 빈약한 것들에게 주님께서 손을 대시고 축복하실 때 주님의 마음은 기쁨으로 가득합니다. 주님께서 우리를 사랑하시는 것은 우리의 현재 모습 때문이 아니라 장차 그분께서 우리를 빚어내실 모습을 보고 사랑하시는 것입니다. 주님께서 우리가 드린 것을 축복하시는 이유는 그것 자체의 가치 때문이 아니라 그분의 능력으로 그것을 가치 있게 만들 것이기 때문입니다.

그러므로 주님께서 여러분이 가진 모든 달란트를 축복해 주시길 바랍니다! 여러분의 기억력과 이해력과 목소리와 마음과 생각과 모든 것을 끊임없이 축복해 주시길 바랍니다! 주님께서 우리가 지닌 작은 재능에 축복을 더해주실 때 비로소 선한 일이 시작되고 점점 더 완전해질 것입니다.

주님께서 축복하시자 그 빵들은 불어났습니다. 베드로가 하나를 집어 떼어낼 때마다 본래 있던 양만큼 그대로 남았습니다. 〈여기 물고기가 있습니다〉라고 말하며 사람들에게 나누어 주었지만 그에게는 여전히 물고기가 그대로 남았습니다. 그래서 가능한 빨리 한 사람씩 빵과 물고기를 전부 나누어 주었습니다. 나누어 주기를 마쳤는데도 그의 손에는 여전히 빵과 물고기가 그대로 남았습니다.

여러분이 하나님을 섬긴다면 여러분은 결코 마르지 않을 것입니다. 이번 주에 주님께서 여러분에게 무언가 할 말을 주신다면, 다음 주에는 또 다른 할 말을 주실 것입니다. 매우 많은 교육을 받은 어떤 형제들은 하이델베르크의 거대한 포도주 통과 같습니다. 그들은 너무도 커서 그 안에서 수영해도 될 만큼 많은 포도주를 저장할 수 있습니다. 하지만 그것의 꼭지는 통의 맨 윗부분에 달려 있어서 사람들은 그 안에 담긴 포도주를 별로 맛볼 수가 없습니다. 제 포도주 통은 매우 작지만 꼭지가 맨 아랫부분에 달려 있습니다. 큰 통의 위에 담긴 포도주만 조금 퍼내는 것보다 작은 통의 포도주를 전부 퍼내는 것이 훨씬 양이 많습니다.

이 소년은 그가 가진 빵과 물고기를 전부 드렸습니다. 실제로 그렇게 많은 양은 아니었지만 그리스도께서 그것을 많아지게 하셨습니다. 여러분도 그 소년처럼 여러분의 모든 것을 드리십시오. 만약을 위해 조금 남겨두려고 생각하지 마십시오. 여러분이 설교자라면 다음에 무엇을 설교할지 고민하지 말고 지금 설교할 내용에 모든 신경을 쏟으십시오. 한 번에 하나의 설교만 잘해도 충분합니다. 나중에 할 설교를 쌓아 놓을 필요는 없습니다. 많이 쌓아 놓으면 그것에서 퀴퀴한 냄새가 날 것입니다. 하늘에서 내려온 만나도 벌레가 생기고 상한 냄새가 난 것처럼 여러분이 하나님께 받은 최고의 설교도 오래되면 상하기 마련입니다. 하나님께 받은 것이 아니라 여러분의 머리에서 나온 설교라면 더욱 빨리 상할 것입니다. 사람들에게 그리스도에 관해 이야기하십시오. 그저 그들을 예수님께 인도하고 다음번에 무엇을 설교할지는 걱정하지 마십시오. 다음번이 되면 그때 무엇을 말해야 할지 여러분에게 주어질 것입니다. (마 10:19)

그리스도께 더하는 것은 빼는 것을 의미하고 빼는 것은 더하는 것을 의미합니다. 그리스도께서 우리에게 채워 주시기 때문에 우리는 다른 사람에게 줄 수 있습니다. 주님은 제자들이 나누어 주기 시작하자 불어나게 하셨고 나누어 주는 것이 끝나자 불어나는 것도 끝나게 하셨습니다. 은혜는 계속해서 나누어져야 합니다! 여러분이 그리스도께 진리를 받았다면 그것을 다른 사람들에게 이야기하십시오! 하나님께서 여러분의 귀에 속삭이며 그분의 말씀을 가르쳐 주실 것입니다. 하지만 여러분이 다른 사람에게 전하는 것을 멈추고 다른 사람에게 하나님의 진리로 축복하는 것을 그만두면 하나님도 더이상 여러분을 축복하지 않고 여러분이 그분과 교제하도록 나아오는 것을 허락하지 않으실 것입니다.

정리하자면, 우리가 가진 빵과 물고기를 모두 주 예수 그리스도께 가져오면 그분은 그것을 받으시고 온전히 자신의 소유로 삼으십니다. 그다음 주님은 그것을 축복하시고 불어나게 하셔서 우리로 하여금 사람들에게 나누어 주도록 하십니다. 주님은 우리 마을뿐 아니라 전 세계 사람들의 궁핍함을 채워주실 수 있습니다.

오천 명을 먹이신 그리스도는 오백만 명도 먹이실 수 있습니다. 그리스도께는 한계가 없습니다. 여러분이 일단 기적을 받아들인다면 더 큰 일도 받아들일 수 있습니다. 저는 기적을 깎아내리려고 노력하는 비평가들을 볼 때마다 참 안쓰럽습니다. 기적은 말 그대로 기적입니다. 기적으로 1페니를 만들 수 있다면 1달러도 만들 수 있습니다. 그리스도께서 오십 명을 먹이실 수 있다는 것을 믿는다면 오백 명, 오천 명, 오백만 명, 오억 명도 먹이실 수 있다고 믿어야 합니다.

이 소년의 보리 빵 도시락으로 인해 끔찍한 사태를 방지할 수 있었습니다. 그곳에 모인 무리는 심히 굶주렸습니다. 그들은 온종일 그리스도와 함께 있었으며 아무것도 먹지 못했습니다. 만약 그들을 해산시켰다면 지치고 굶주려서 많은 사람이 쓰러지거나 심지어 도중에 죽을 수도 있었습니다. 아, 이 세상의 비극을 줄이기 위해 우리는 무엇을 내어놓아야 할까요! 섀프츠베리 백작은 〈나는 더 오래 살고 싶다. 이렇게 많은 비극이 있는 세상을 그대로 두고 떠날 수 없다〉라고 말했습니다. 이 하나님의 성도는 평생토록 가난한 자, 무력한 자, 궁핍한 자를 돌보며 헌신했습니다.

비록 작지만 여러분의 모든 것을 그리스도께 드릴 때, 주님은 그것을 사용해 많은 상처 입은 사람들의 고통을 덜어주실 것입니다. 그래서 그들이 용서받지 못하고 죽어서 하나님의 심판대 앞에 서는 것을 피하도록 하실 것입니다.

청년들이여, 하나님은 여러분을 수많은 사람의 영적인 아버지로 만드실 수 있습니다. 저의 젊은 시절을 되돌아보면 제가 처음으로 그리스도를 전하기 위해 입을 열었을 때는 제가 수천 명을 예수님께 인도하는 명예를 누리게 될 줄은 꿈도 꾸지 못했습니다. 주님의 이름을 찬양합니다! 모든 영광은 주님의 것입니다. 분명 저와 같이 주님께서 은혜로 부르시고 그분을 섬기게 하실 청년들이 많이 있을 것입니다.

뉴 파크 스트리트에 있는 교회의 집사님들이 저를 런던으로 초빙하는 편지를 받았을 때 저는 그들에게 실수하는 것이라고 답장을 보냈습니다. 저는 그저 열아홉 밖에 안 된 소년이었고 캠브리지샤이어에서 가난하지만 저를 사랑해주는 사람들 사이에서 행복하게 지내고 있었습니다. 게다가 저는 그들이 저를 런던에서 설교하게 할 것이라고는 상상도 하지 못했습니다. 하지만 그들은 저에 대한 모든 것을 알고 있으며 반드시 와야만 한다고 다시 편지를 보냈습니다. 아, 그날 이후로 저를 향한 주님의 선하심과 인자하심이 얼마나 큰지 모릅니다!

하나님께서 매우 훌륭하고 특별한 사람들을 골라서 사용하신다고 생각하지 마십시오. 그것은 성경에서 말하는 방식이 아닙니다. 때로 하나님께서는 매우 거친 사람들도 사용하십니다. 최초의 사도들은 대부분 어부였습니다. 바울은 교육받은 사람이었지만 그도 여러 사도 중 한 명이었을 뿐이며 스스로 만삭되지 못하여 난 자라고 했습니다. (고전 15:8) 다른 사도들은 그처럼 교육을 받은 것은 아니지만 하나님은 그들도 모두 사용하셨습니다. 하나님은 여전히 천하고 없는 자들을 사용하셔서 있는 자들을 무색하게 하십니다.

> 형제들아, 너희 부르심을 생각해 보라. 육신을 따라 지혜로운 자나 능력 있는 자나 신분이 높은 자가 많지 않다. 하지만 하나님께서 지혜로운 자들을 당혹스럽게 하시려고 세상의 어리석은 것들을 택하셨으며, 강한 것들을 당혹스럽게 하시려고 세상의 약한 것들을 택하셨다. 하나님께서 있는 것들을 무색하게 하시려고 세상의 비천한 것들과 멸시받는 것들과 없는 것들을 택하셨다. 이는 어떤 육체라도 하나님 앞에서 자랑치 못하게 하려는 것이다. (고전 1:26~29)

저는 여러분이 자신을 높이지 않았으면 합니다. 여러분은 그저 다섯 개의 보리 빵과 작은 물고기 두 마리를 가졌을 뿐입니다. 그것을 대단하게 여기지 말고 그리스도를 대단하게 여기십시오. 여러분이 누구든 주님께서 여러분을 그분의 피로 살 정도로 가치 있다고 생각하셨다면, 여러분을 은혜롭게 받아주시는 주님께 모든 것을 드리는 것은 분명히 그만큼 가치 있는 일일 것입니다. 모든 것을 주님의 손에 맡기고 지켜보십시오. 그러면 예수님은 여러분이 드린 빵을 받으시고 많은 사람의 괴로움을 없애는 일에 사용하실 것입니다.

예수님은 사람들에게 〈세상에 오실 그 선지자〉라고 불리며 영광을 받으셨습니다.

> **그러자 사람들이 예수님께서 행하신 기적을 보고 말하기를 〈이분이 진실로 세상에 오실 그 선지자이다〉라고 하였다.** (요 6:14)

오병이어의 기적은 그들에게 광야와 만나의 기적을 떠오르게 했습니다. 그들은 모세가 〈여호와 너의 하나님께서 너와 네 형제 가운데 나와 같은 선지자 하나를 일으키실 것이다〉(신 18:15)라고 한 말을 기억했습니다. 그들은 이 구원자를 간절히 기다렸으며 빵이 불어날 때 그들의 기대 또한 불어났습니다. 그리고 그들은 불어난 빵 가운데서 하나님의 손길을 보았습니다. 그리하여 〈이분이 진실로 세상에 오실 그 선지자이다〉라고 고백했습니다.

작은 소년은 자신의 빵과 물고기로 무리 전체에게 그리스도를 드러내는 일을 했습니다. 여러분이 그리스도께 드린 빵을 통해서도 수많은 무리가 그분이 구세주인 것을 알게 될지 누가 알겠습니까? 빵을 떼어 사람들에게 나누어 줄 때 그리스도는 널리 알려질 것입니다.

제자들은 식사가 끝나고 남은 조각들을 모았습니다. 이것은 오병이어의 역사 중에서 중요한 부분 중 하나입니다. 사람들에게 나누어 준 음식은 사라지지 않았습니다. 사람들은 배불리 먹었지만 음식은 오히려 식사를 시작하기 전보다 더 많이 남았습니다. 제자들은 각자 남은 음식을 한 광주리씩 모아 주님께 가져왔습니다.

여러분을 그리스도께 바치십시오. 여러분이 그분의 영광을 위해 사용되도록 자신을 내어놓을 때 오히려 지금보다 더욱 주님을 잘 섬기게 될 것입니다. 여러분이 주님께 드린 작은 것은 쓰면 쓸수록 더 많게 불어날 것입니다.

존 번연의 천로역정에 나오는 천 두루마리를 가진 사람을 떠올려 보십시오. 그는 두루마리에서 천을 잘라 가난한 사람들에게 나누어 주었습니다. 그런데 그가 잘라내면 잘라낼수록 천은 더 많아졌습니다. 존 번연은 그에 대해 〈사람들이 미친 사람 취급하는 한 남자가 있었는데, 그는 주면 줄수록 더 많은 것을 얻었다〉라고 기록합니다.

우리가 지닌 달란트와 재능과 우리 마음속의 은혜는 확실히 사용하면 사용할수록 더 많아집니다. 때로는 금과 은도 사용할수록 많아지기도 합니다. 관대한 사람의 재산은 증가하지만 구두쇠의 재산은 줄어듭니다. 〈퍼 올린 우물물이 가장 달다〉라는 속담도 있습니다. 그리스도 안에서 여러분의 마음 속에 있는 것을 끊임없이 퍼 올리면 여러분의 생각은 더욱 깊어질 것입니다. 여러분의 힘이 되신 그리스도께 있는 것을 계속 퍼 올리면 여러분은 하나님을 통해 더욱 강건해질 것입니다. 여러분은 하면 할수록 하나님의 은혜로 더욱 많은 것을 할 수 있게 될 것입니다!

이 오병이어 사건은 성경에 기록되었습니다. 왕의 식탁에 올려진 빵은 매우 많지만 그것에 관해 전해지는 이야기는 전혀 없습니다. 하지만 이 소년이 드린 보리 빵 다섯 개와 물고기 두 마리는 성경을 통해 전해지고 있습니다. 심지어 마태, 마가, 누가, 요한복음에 전부 이 이야기가 실려 있습니다. 우리로 하여금 하나님께서 작은 것을 사용해 얼마나 큰일을 할 수 있는지 결코 잊지 않도록 하기 위해 이 이야기가 네 번이나 실린 것입니다. 그리스도께서 행하신 기적 중에 이렇게 많이 언급된 것은 오병이어 사건밖에 없습니다.

한번 시도해 보십시오. 최근에 예수님을 따르게 된 청년들이

여, 그리스도를 위해 무언가를 시도하는데 너무 지체하지 마십시오. 오랫동안 그리스도를 믿어왔지만 아직 주님을 위해 일해 본 적이 없는 분들은 어서 일어나 무언가 주님을 섬길만한 일을 시작하십시오. 연로하신 분이나 아픈 형제들도 주님을 위해 무언가 할 수 있습니다. 어쩌면 아프고 병들고 가난한 자들이 결국에는 주님을 위해 가장 많이 일한 사람이 될지도 모릅니다. 적어도 제가 지금까지 관찰한 바로는 그러했습니다. 제가 본 정말로 훌륭한 사역들은 대부분 그것을 제대로 감당할 수 없다고 여겨졌던 사람들에 의해 이루어졌습니다.

어째서 건강하고 재능 있는 많은 그리스도인들이 주님을 섬기는 일에 주저하는 것일까요? 정치적인 모임이 있을 때는 보수가 됐든 진보가 됐든 얼마나 열성적으로 참여합니까! 정치에 관련된 일이라면 돈 한 푼도 안 되는 일이라도 빠짐없이 참석하면서, 정작 영혼을 구원하는 일에 관해서는 물고기처럼 입을 다물고 있습니다. 일 년 내내 어린아이 한 명의 영혼조차 돌보지 않고 지내는 사람이 대부분입니다.

어떤 형제가 〈저는 40년 동안 교회의 일원이었습니다. 그러므로 이스라엘의 아버지 중 한 명입니다〉라고 말했습니다. 그러자 다른 형제가 그에게 〈당신은 얼마나 많은 자녀를 가졌습니까? 얼마나 많은 사람을 그리스도께 인도했습니까?〉라고 물었습니다. 그는 〈제가 누군가를 그리스도께 인도한 적이 있는지 잘 모르겠습니다〉라고 대답했습니다. 그러자 다른 형제가 이렇게 말했습니다.

> 당신은 스스로 이스라엘의 아버지라고 부르면서 아직 자녀가 한 명도 없다니요! 제 생각에는 그 칭호를 달기에는 좀 더 기다리는 편이 나을 것 같습니다.

저 역시 그렇게 생각합니다. 그런 종류의 신앙 고백자라면 차라리 없는 편이 나을 것입니다. 모든 주 예수 그리스도의 제자들이라면 비록 그 수는 적더라도 사람들을 하나님께로 돌아오게 하여 꾸준히 열매를 맺을 것입니다.

주님께서 여러분 모두에게 이런 사역을 맡기시기를 간절히 바랍니다!

출판사 소개

프리스브러리는 Pristine(오염되지 않은)과 Library(도서관)의 합성어로 종교개혁가와 청교도 같은 신앙 선배들이 남긴 믿음의 유산을 보존하고 널리 알리기 위해 설립되었습니다.

한국은 미국 다음으로 많은 신앙 도서가 출간되는 기독교 강국이지만 아직 국내에 소개되지 않은 주옥같은 책이 너무도 많습니다. 또한, 이미 출판되었다고 해도 번역이 난해해서 읽기 어렵거나 판매량이 저조해 절판된 책도 적지 않습니다.

프리스브러리는 엄선된 기독교 고전 작가의 저서 중에서 한 번도 국내에 출판되지 않았거나 절판되어 구하기 힘든 책을 재번역해 〈디지털 소량 출판〉과 〈전자책〉을 통해 비록 판매량이 적더라도 절판되지 않고 언제든 쉽게 찾아볼 수 있게 하고 있습니다.

아울러 장래에는 국내 뿐 아니라 일본, 중국, 동남아 등 다양한 언어로 번역해 전자책으로 만들어 무료로 배포할 계획을 세우고 있으며, 이를 통해 〈선교 한류〉의 붐이 일어나기를 꿈꾸고 있습니다.

이런 프리스브러리의 비전을 함께 이루고 싶으신 분은 새로운 책이 한 권 나올 때마다 격려하는 차원에서 아래 계좌로 1만원씩 후원해주세요. 후원금은 모두 다음 신간의 번역과 출판 비용으로 사용됩니다.

후원 계좌: 씨티은행 533-50447-264-01 (정시용)